Christa Rolf

Grundkurs
Stoffe färben

Christa Rolf

Grundkurs Stoffe färben

Färbe- und Fixiermethoden Schritt für Schritt erklärt
Mit vielen Rezepten, Färbe-Tabellen und Profi-Tipps

AUGUSTUS

Vorwort

Seit den Anfängen der Zivilisation versuchten Menschen ihre Umgebung mit Farben zu schmücken. Dies bezeugen prähistorische Höhlenmalereien in Spanien und Frankreich. In der weiteren Entwicklung wurde auch die Kleidung der Menschen gefärbt und bedruckt. Sehr frühe Zeugnisse von gefärbten Textilien finden sich in Ägypten und im ostasiatischen Raum.
Im deutschsprachigen Raum belegen Grabfunde aus der keltischen Hallstadtzeit (800–500 v. Chr.), dass bereits die Kelten Fürstengewänder aus Wolle mit Indigo und Purpur gefärbt haben. Im Mittelalter waren durch verstärkte Handelsbeziehungen Naturfarbstoffe wie Färberwaid (eine Pflanze, die Indigo enthält), Färberwau, Krapp, Purpur und Kermes (roter Farbstoff der Kermeslaus) bekannt. Eine sensationelle Entwicklung erfuhr die Textilfärbung gegen Ende des 19. Jahrhunderts durch die Erfindung der synthetischen Farbstoffe.

Heute liefert die Industrie eine große Anzahl farbiger Stoffe – aber es bleibt der Reiz, Textilien selbst zu färben und zu gestalten, um seiner persönlichen Kreativität und Individualität Ausdruck zu verleihen. Selbstgefärbte Stoffe werden im Wohnbereich, als Kleidung und nicht zuletzt beim Nähen von Patchwork und Quilts verwendet. Die industriell hergestellten Farbstoffe sind problemlos anzuwenden und gut erhältlich.

Dieser farbenfrohen Welt der selbstgefärbten Stoffe ist dieses Buch gewidmet. Es gliedert sich in zwei Teile, die aufeinander aufbauen. Der erste Teil beschäftigt sich mit der Theorie: Die verschiedenen Fasern, Färbemethoden und Farbstoffe werden vorgestellt. Eine kurze Einführung in die Farblehre schafft das nötige Hintergrundwissen, um Farben zu mischen. Der zweite Teil füllt den Themenkreis mit Leben. Die darin enthaltenen Rezepte und Anleitungen sollen eine Basis für erfolgreiches Färben schaffen.

Ich wünsche Ihnen viel Spaß und Erfolg in Ihrer eigenen bunten Welt.

Christa Rolf

An dieser Stelle möchte ich mich besonders herzlich bei Frau Dipl.-Ing. Birgitta Biehler, Mitarbeiterin der BASF in Ludwigshafen, bedanken. Sie hat mit Ihrem fachlichen Rat einen wichtigen Beitrag zur Entstehung dieses Buches geleistet.

Inhaltsverzeichnis

Theoretischer Teil

Der erste Teil dieses Buches behandelt die Grundlagen, die zum Färben von Textilien notwendig und wissenswert sind. Die Systematik, die der Textilfärbung zugrunde liegt, wird auch in den Anleitungen des praktischen Teils verwendet: Dabei ist der zu färbende Stoff immer der Ausgangspunkt; danach richtet sich die Auswahl der einzusetzenden Farbstoffe. Es folgt die Entscheidung, nach welchem Verfahren der Stoff gefärbt werden soll. Die begleitende oder abschließende Fixiermethode ist wiederum abhängig vom eingesetzten Farbstoff.

Dampffixierbare Seidenmal- und Bügelfarben

Textilfasern

Bei den Textilfasern unterscheidet man zwischen synthetischen und natürlichen Fasern. Die natürlichen Fasern sind für die Färbung besonders gut geeignet. Man unterteilt diese wiederum in Zellulosefasern und Proteinfasern.
Zellulosefasern sind Naturfasern pflanzlicher Herkunft. Dazu zählen Baumwolle, Leinen, Viskose, Hanf und Jute.
Proteinfasern sind Naturfasern tierischen Ursprungs und werden aus Eiweißen (den Proteinen) aufgebaut. Dazu zählen Wolle und Seide, die beide ein ähnliches Färbeverhalten aufweisen.
Synthetische Fasern werden heute in unzähligen Arten industriell hergestellt. Dazu gehören z.B. Polyester und Polyacryl. Die meisten dieser Fasern lassen sich jedoch nur schwer einfärben.

Seidenmalfarben

Seidenmalfarben sind heute in großer Zahl auf dem Markt und färben nicht nur Seide, sondern auch Wolle. Die Fixierung auf der Faser erfolgt durch Hitze. Dies kann zum Beispiel durch Dampffixierung erreicht werden.

Textilfarbstoffe

Reaktivfarbstoffe

Reaktivfarbstoffe sind für die Färbung von Zellulosefasern entwickelt worden. Ihren Namen verdanken die Reaktivfarbstoffe der Tatsache, dass sie mit der Faser eine chemische Verbindung eingehen, also reagieren. Dadurch wird eine dauerhafte Färbung erzielt. Um diese chemische Fixierung zu ermöglichen, benötigt man ein alkalisches Milieu, das durch die Zugabe von Soda erreicht wird.

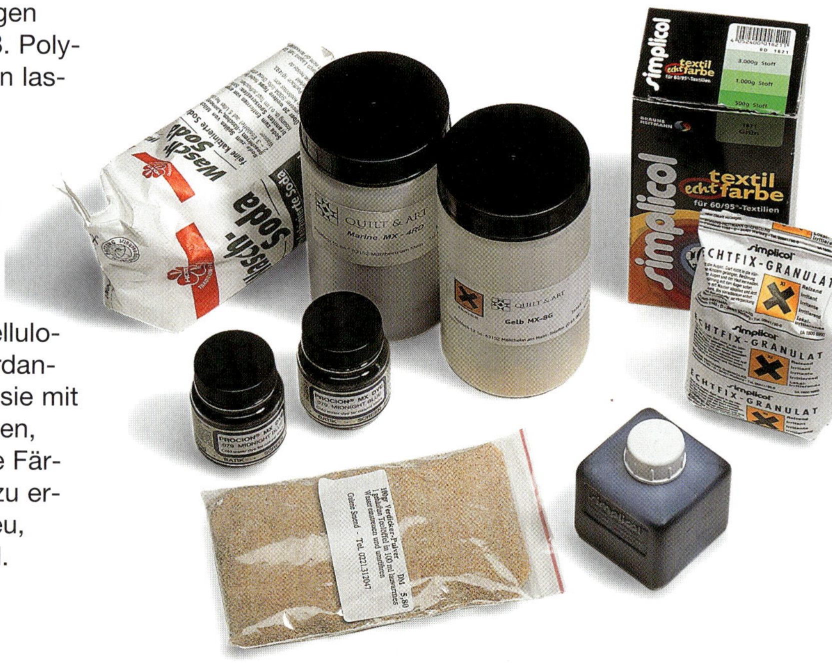

PROCION MX und SIMPLICOL Reaktivfarben

Bügelfarben

Eigentlich sind Bügelfarben für die Seidenmalerei entwickelt worden – sie sind aber auch für Baumwolle und synthetische Fasern geeignet, da die Farbpigmente über eine Art Haftmittel an die Faser gebunden werden, also nicht in die Faser eindringen. Die Fixierung erfolgt durch Bügeln.

Batikfarben

Batikfarben sind problemlos in der Anwendung, jedoch aufgrund der meist mangelnden Waschbeständigkeit (Farbe „blutet" aus) für Gebrauchstextilien nicht empfehlenswert.

Haushalts-Mischfarbstoffe

Diese bestehen aus einer Farbstoff-Kombination und sind damit sowohl für tierische als auch für pflanzliche Fasern geeignet. Wird nun ein reines Baumwollgewebe mit Mischfarbstoffen gefärbt, führt dies zu einem Verlust von Farbstoffanteilen, da der Farbstoffanteil, der für die tierischen Fasern vorgesehen ist, nicht ausgenutzt werden kann und verloren geht. Für ein Gewebe, das beispielsweise aus einer Mischung von Baumwolle und Seide besteht, sind diese Farbstoffe bestens geeignet.
Die Färbung wird dann in neutralem Milieu (ohne Alkali oder Säure) durchgeführt.

Stoffmalfarben

Hierbei handelt es sich um dickflüssige Farbstoffpasten, die mit Pinsel oder Walze auf den Stoff aufgetragen werden. Sie sind geeignet für Stencil, Schablonendruck, Walzendruck oder für Spezialeffekte. Sie versteifen allerdings den Stoff, so dass sich die deckende Anwendung nicht für größere Flächen eignet. Die Fixierung erfolgt durch Bügeln.

Naturfarbstoffe auf Pflanzenbasis

Pflanzenfarbstoffe werden zum Teil schon seit Jahrhunderten eingesetzt. Weiterentwicklungen solcher Farbstoffe sind auf dem Markt erhältlich. Sie erfordern jedoch aufwändigere Färbemethoden.

Färbemethoden

Tauchfärbung

Als Tauchfärbung (in der Fachsprache auch: Ausziehverfahren) bezeichnet man die Methode, bei der der Stoff komplett mit viel Wasser und Farbstoff eingefärbt wird. Unter diesen Oberbegriff fallen die Techniken, den Stoff in der Waschmaschine, im Kochtopf oder im Eimer zu färben. Durch das Eintauchen und Bewegen des Textils in der sogenannten Flotte wird eine einfarbige, gleichmäßige Färbung erzielt. Die Färbung in der Waschmaschine schadet, wenn die Packungshinweise beachtet werden, weder der Wäsche, noch der Waschmaschine. Im Zweifelsfall sollte man sich an den Hersteller der Farbstoffe wenden. Für das Überfärben vorhandener Kleidung ist der Einsatz der Waschmaschine sinnvoll. Dabei sollte man jedoch beachten, dass die Nähte (sie bestehen häufig aus Polyestergarn) und Reißverschlüsse die Farbe nicht immer annehmen und ihre Originalfarbe behalten.

Direktapplikation

Bei den Methoden der Direktapplikation wird der Farbstoff direkt auf den Stoff aufgetragen, entweder konzentriert oder verdünnt. Als Hilfswerkzeuge können Pipetten, Pinsel, Schwämme, Schaumstoffwalzen oder ähnliche Mittel zum Einsatz kommen. Dabei kann durchaus nicht nur mit einem Farbton gearbeitet werden; beim Einsatz von mehreren Farbtönen entstehen reizvolle Multicolorstoffe. Eine erweiterte Methode der Direktapplikation besteht darin, gleichzeitig eine geringe Menge Wasser und Farbstoff auf den Stoff einwirken zu lassen.
Allen Verfahren dieser Gruppe ist gemeinsam, dass keine gleichmäßigen Farbflächen, sondern strukturiert gestaltete Stoffe entstehen.

Reservierungen

Bei dieser Methode werden Stoffe stellenweise reserviert (= vor dem Färben geschützt) und dann gefärbt. Nach dem Färbevorgang wird die Reservierung entfernt. Es entstehen zwei- oder mehrfarbige Stoffe, die je nach Art des gewählten Verfahrens sehr unterschiedliche Strukturen aufweisen.

Färbung von Textilfasern

Färbung von Zellulosefasern

Zellulosefasern sind pflanzlichen Ursprungs. Zu dieser Gruppe gehören Baumwolle, Viskose, Leinen, Hanf und Jute. Im folgenden wird exemplarisch die Baumwolle behandelt; für alle anderen Zellulosefasern gelten im wesentlichen die gleichen Verfahren, wie sie für Baumwolle beschrieben werden. Besonders leuchtende und intensive Farben erhält man bei Verwendung von mercerisierter Baumwolle.
Jeder Stoff dieser Gruppe sollte vor der Färbung gründlich ohne Weichspüler in der Maschine gewaschen werden – mindestens bei 60°C, besser bei 95°C. Dabei muss es sich nicht nur um weiße Stoffe handeln; auch gemusterte Stoffe ergeben interessante Effekte, zum Beispiel Baumwollstoff mit dunklem Aufdruck oder Baumwollstoff mit weißem Aufdruck aus synthetischem Material (der Aufdruck nimmt die Farbe nicht oder nur wenig an).

Speziell für die Färbung von pflanzlichen Fasern wurden die Reaktivfarbstoffe entwickelt. Zur Fixierung des Farbstoffs an die Faser ist immer ein alkalisches Milieu erforderlich. Dies wird durch die Zugabe von Soda erreicht, indem der pH-Wert des Wassers aus dem neutralen Bereich in den alkalischen Bereich verschoben wird. Natrium-Carbonat ist als Waschsoda im Handel erhältlich. Bei manchen Fertigfarbstoffen ist Natrium-Carbonat schon in der Packung enthalten.

Die Zugabe von Salz bei Reaktivfarbstoffen ist nur dann nötig, wenn mit viel Wasser gearbeitet wird, beispielsweise beim Färben in der Waschmaschine oder im Eimer. Es reicht ein einfaches Haushaltssalz, das jedoch kein Jod und kein Fluor enthalten sollte. Das Salz bewirkt, dass der Farbstoff besser an die Faseroberfläche wandert und nicht im Wasser verteilt bleibt. Ein weiterer Effekt des Salzes besteht darin, dass das Färbeergebnis gleichmäßiger wird.

Bei Direktapplikation ist kein Salz erforderlich.
Je nach Fixiertemperatur beim Färben unterscheidet man bei den Reaktivfarbstoffen Kaltfärber (25°C–35°C), Warmfärber (40°C–60°C) und Heißfärber (80°C–90°C).

Stoffe mit schwarzem Aufdruck in der Waschmaschine rot überfärbt

Stoffe mit weißem Aufdruck in der Waschmaschine blau überfärbt

Färbung von Proteinfasern

Proteinfasern (lateinisch: Protein = Eiweiß) sind tierischen Ursprungs und bestehen in ihrem Grundaufbau aus Aminosäuren, den kleinsten Eiweißbausteinen. Die Haare des Hausschafes und des Angorakaninchens sind die bekanntesten Vertreter dieser Gruppe; auch bei Alpaka, Kaschmir und Mohair handelt es sich um tierische Haare, um Wolle. Seide wird aus dem Kokon der Seidenraupe gewonnen. Dieser Kokon besteht aus einem bis zu 3000 Meter langen Seidenfaden. In einem speziellen Verfahren wird der Seidenfaden vom Kokon abgehaspelt und versponnen.

Wolle und Seide sind, chemisch betrachtet, ähnlich aufgebaut und daher mit den gleichen Farbstoffen färbbar. Unbehandelte Seidenstoffe, wie sie für den Hobbybereich angeboten werden, haben keine chemische Ausrüstung und sind daher ohne weitere Vorbehandlung zum Färben einsetzbar. Bekleidungs- oder Dekorationsstoffe aus Seide können mit einer Ausrüstung versehen worden sein und sollten deshalb vorher mit einem milden Feinwaschmittel bei ca. 30°C vorgewaschen werden. Ebenso verhält es sich mit Wolle, die in den meisten Fällen noch Rückstände von Wollfett enthält.

Tierische Fasern lassen sich besonders gut in einem sauren Milieu färben. Um dieses zu erreichen ist in vielen Färberezepten ein Essigzusatz angegeben. Um den Farbstoff an der Faser zu fixieren, wird Hitze benötigt. Durch feuchte Hitze quellen die tierischen Fasern auf, so dass der Farbstoff in die Faser eindringen kann. Um Hitze zur Fixierung zuzuführen gibt es verschiedene Möglichkeiten:

1. der Stoff wird nach der Bemalung in trockenem Zustand dampffixiert

2. der angefeuchtete, bemalte Stoff wird in der Mikrowelle oder im Backofen erhitzt

3. der Stoff wird in verdünnter Farbflotte gekocht

Seide als Meterware mit dampffixierbaren Seidenmalfarben bemalt. Nach dem Dampffixieren genäht

Ideale Farbstoffe für Proteinfasern sind speziell für die Seidenmalerei entwickelte, dampffixierbare Seidenmalfarben. Dies sind im wesentlichen Säure- und Metallkomplexfarbstoffe. Eine Ausnahme unter den dampffixierbaren Seidenmalfarben bilden die sogenannten reaktiven Seidenmalfarben. Diese können neben der klassischen Fixierung mittels Dampf auch mittels eines flüssigen alkalischen Fixiermittels fixiert werden. Somit sind sie auch in der Lage, Zellulosefasern wie Baumwolle oder Leinen anzufärben. Jedoch fallen dabei die Farbeffekte nicht ganz so kräftig und intensiv aus.

Seide ist die Proteinfaser, die am leichtesten färbbar ist. Neben den üblichen Seidenmalfarben lässt sie sich auch mit Reaktivfarbstoffen (z.B. PROCION MX) färben. Die Farbintensität ist jedoch geringer als bei Baumwolle.
Keine befriedigenden Ergebnisse sind mit Reaktivfarbstoffen auf Wolle zu erzielen.

Färbung von Synthetikfasern

Die meisten Synthetikfasern werden aus Kohle oder Erdöl hergestellt. Am bekanntesten sind Polyester und Polyacryl. Sie lassen sich mit den traditionellen Farben kaum oder gar nicht einfärben.
Eine Ausnahme ist Polyamid, das in seinem Aufbau einer Proteinfaser ähnelt. Deshalb kann Polyamid mit dampffixierbaren Seidenmalfarben gefärbt werden.
Auf Baumwoll-/Synthetik-Mischgeweben lassen sich interessante Färbeeffekte erzielen. Der Baumwoll-Anteil dieser Stoffe lässt sich mit handelsüblichen Reaktivfarbstoffen färben, während der Synthetik-Anteil die Farbe nur wenig oder gar nicht annimmt. Dadurch ergibt sich entweder eine pastellartige Optik oder der Stoff erscheint meliert.
Für sämtliche Synthetikmaterialien können Bügelfarben, die ursprünglich für die Seidenmalerei entwickelt wurden, angewendet werden. Die Farbpigmente der Bügelfarben dringen dabei nicht in die Faser ein, sondern werden mit einer Art Haftmittel an die Faseroberfläche gebunden. Durch Bügeln erfolgt dann die endgültige Fixierung der Pigmente. Bügelfarben sind für alle Stoffe anwendbar, sie sind also sowohl für Synthetik als auch für Baumwolle oder Seide geeignet. Der Stoff wird allerdings etwas fester im Griff und die Farben erscheinen etwas stumpf und matt. Nachteil der Bügelfarben ist, dass relativ viel Farbe benötigt wird, was diese Färbemethode auch verteuert. Für Synthetikmaterialien gibt es leider im Heimbereich kaum eine andere Wahl.

Mischtechnik: Untergrundstoff in der Waschmaschine mit Reaktivfarbstoffen gefärbt, Seide mit dampffixierbaren Seidenmalfarben bemalt und Strickgarn aus Synthetikfaser mit Bügelfarbe gefärbt

Fixiermethoden

Durch die Fixierung erfolgt eine dauerhafte Bindung des Farbstoffs an die Textilfaser. Wird der Farbstoff nur ungenügend fixiert, laufen die Farben aus und verblassen während der anschließenden Wäsche. Es gibt drei verschiedene Fixiermethoden, die je nach Textilart, Farbstoff und Färbemethode gewählt werden. Grundsätzlich wird der Farbstoff entweder durch Hitze oder durch Verweilen auf der Faser fixiert.

Zeitabhängige Fixierung

(Kaltverweilverfahren)
Für diese Art der Fixierung eignen sich besonders die Reaktiv-Kaltfärber. Dabei genügt es, die Stoffe zusammen mit der feuchten Farbstofflösung und Soda (=Farbflotte) über einen längeren Zeitraum (ca. 12 Stunden) in einer Plastikfolie verweilen zu lassen. Die Folie erhält das feuchte Milieu, in dem die Fixierung stattfindet. Wenn die Farbflotte während des Verweilens austrocknet, kann der Farbstoff nicht ausreichend fixieren und wird wieder ausgewaschen. Die Dauer der Verweilzeit in feuchtem alkalischen Milieu ist also entscheidend für den Fixiergrad, also die Farbtiefe.

Hitzeabhängige Fixierung

Hitze als bestimmender Faktor wird sowohl bei Reaktiv-Heißfärbern als auch bei dampffixierbaren Seidenmalfarben benötigt. Reaktiv-Heißfärber benötigen Hitze, um die chemische Bindungsreaktion, die beim Färbevorgang (durch den Zusatz von Soda) stattfindet, zu ermöglichen. Die dampffixierbaren Seidenmalfarben brauchen feuchte Hitze zur Fixierung. Dadurch quellen die Proteinfasern auf und sind so in der Lage, die Seidenmalfarbe an sich zu binden.

Bügelfixierung

Diese Methode eignet sich nur zur Fixierung von speziellen Bügel- und Stoffmalfarben. Dabei dringen die Farbpigmente nicht in die Faser ein, sondern werden über ein darin enthaltenes Haftmittel an die Faseroberfläche gebunden. Eine dauerhafte Fixierung der getrockneten Farbpaste auf dem Stoff erfolgt durch etwa dreiminütiges Bügeln.

Farblehre

Seit dem Mittelalter haben Gelehrte versucht, die Theorie der Farben zu ergründen. Leonardo da Vinci und Goethe sind zwei der bekanntesten unter ihnen, die sich intensiv mit dem Thema Farblehre beschäftigten. Maßgeblich beeinflusst wurde das heute gängigste Farbmodell von dem Bauhaus-Lehrer Johannes Itten. In seinem Buch „Kunst der Farbe“ erklärt er anschaulich anhand des Farbkreises die Beziehungen der Farben zueinander. Demnach bezeichnet Itten Gelb, Rot und Blau als die drei Grundfarben. Diese lassen sich aus keiner anderen Farbe mischen; daher werden sie auch als Primärfarben bezeichnet. Mischt man zwei benachbarte Primärfarben, so entstehen sogenannte Sekundärfarben: aus Gelb und Rot entsteht Orange, aus Rot und Blau entsteht Lila, aus Blau und Gelb entsteht Grün.

Harald Küppers hat als einer der ersten erkannt, dass die dem Itten'schen Farbmodell zugrunde liegenden Grundfarben keine reinen Farben sind, sondern schon abgemischte Töne. Daher ergeben sich beim Mischen mit diesen Farben stark getrübte Farbtöne. Küppers' Farbtheorie basiert auf Schwarz und Weiß sowie den sechs sogenannten bunten Grundfarben: Gelb (echtes Zitronengelb), Orangerot, Magenta (blaustichiges Rot), Violettblau, Cyan (entspricht Türkis) und Grün. Diese Farblehre ist das perfekteste Farbmodell; es ist noch heute eine wesentliche Grundlage der aktuellen Drucktechnik, insbesondere im Flexodruck. Der Offsetdruck reduziert dieses Modell auf die Farben Gelb, Magenta, Cyan und Schwarz. Mit diesen Farben lassen sich alle bildlichen Darstellungen drucken.

Diese Theorie, die dann doch relativ nah am Ittenschen Modell ist, reicht für den Bereich der Textilfärbung im Hobbybereich vollkommen aus. Um klare Mischtöne herzustellen, werden reine, nicht gemischte Primärfarben, benötigt. Dies sind

Zitronengelb Magenta Cyan

Aus den Primärfarben lassen sich Sekundärfarben mischen:

Gelb und Magenta	ergeben	Orange
Magenta und Cyan	ergeben	Lila
Cyan und Gelb	ergeben	Grün

Die Tertiärfarben entstehen durch Mischung einer Primärfarbe mit ihrer benachbarten Sekundärfarbe:

Gelb und Orange	ergeben	Gelborange
Orange und Magenta	ergeben	Rot
Magenta und Lila	ergeben	Rotlila
Lila und Cyan	ergeben	Blaulila
Cyan und Grün	ergeben	Blaugrün
Grün und Gelb	ergeben	Gelbgrün

Das komplette Farb-Dreieck zeigt Primär-, Sekundär- und Tertiärfarben.

Komplementärfarben sind Farben, die sich im Farbdreieck gegenüberliegen:

Gelb und Lila
Magenta und Grün
Cyan und Orange

Die bisher entstandenen Farben sind reine, ungetrübte Farbtöne. Will man getrübte oder sogenannte gebrochene Töne einer Farbe erzielen, so mischt man die entsprechende Farbe mit ihrer Komplementärfarbe.

Da Lila, Grün und Orange bereits aus den Primärfarben gemischt sind, ergeben sich folgende Regeln:

Gelb wird gebrochen mit Lila
(gemischt aus Magenta + Cyan)
Magenta wird gebrochen mit Grün
(gemischt aus Cyan + Gelb)
Cyan wird gebrochen mit Orange
(gemischt aus Magenta + Gelb)

Dabei gilt, je höher der Anteil der Komplementärfarbe, desto gebrochener und stumpfer erscheint die Farbe.

Quilt: Die Herzen wurden aus Stoffresten verschiedenster Färbungen genäht. Für den Rand wurde erst der Farbverlauf gemalt und dann der Stoff in Streifen geschnitten

Prinzipiell lassen sich die meisten Farben aus den drei Grundfarben mischen. Schwierig zu erzielen sind allerdings sehr dunkle Töne und Schwarz. Im Einzelfall sollte jeder selbst entscheiden, wie viele Farben durch Mischen selbst hergestellt werden sollen oder ob auf fertig gemischte Farben zurückgegriffen wird. Es ist auf jeden Fall sinnvoll, das Repertoire um Schwarz zu erweitern und vielleicht auch durch eine Lieblingsfarbe, die dann nicht jedes Mal neu angemischt werden muss.

Dieses Buch versucht, eine Hilfestellung zu geben, mit welchen Mischungsverhältnissen welche Ergebnisse erzielt werden können. Aufgrund der Fülle von unterschiedlichen, im Handel erhältlichen Farbstoffen, werden exemplarisch die PROCION MX-Farbstoffe behandelt. Die Mischtabellen im Kapitel „Reaktiv-Kaltfärber" (ab Seite 23) sind prinzipiell auch auf andere Farbarten übertragbar, z.B. auf dampffixierbare Seidenmalfarben, wenn mit den drei Grundfarben gearbeitet wird.

Generell sollten die Farbmischungen als Orientierungshilfe verstanden werden, die einen Einstieg in dieses farbenfrohe Thema erleichtern. Mit etwas Übung bekommt man sehr schnell ein Gefühl für seine Lieblingsfarben.

Farbdreiecke

Primärfarben

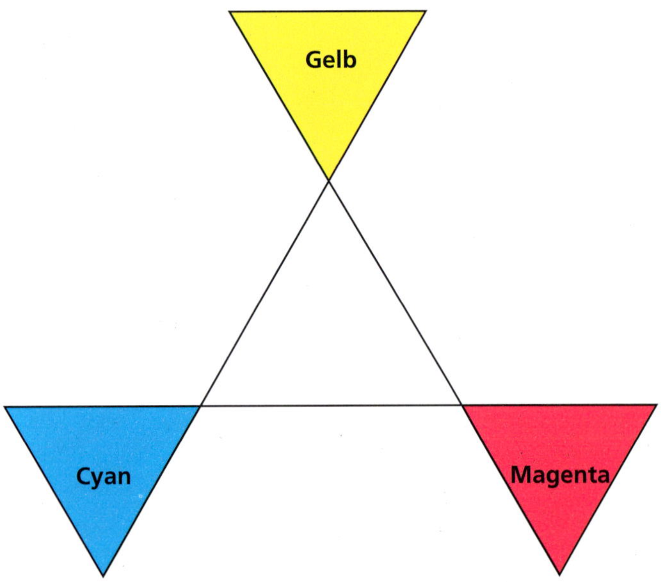

Primärfarben sind Grundfarben, aus denen sich alle anderen Farben mischen lassen

Sekundärfarben

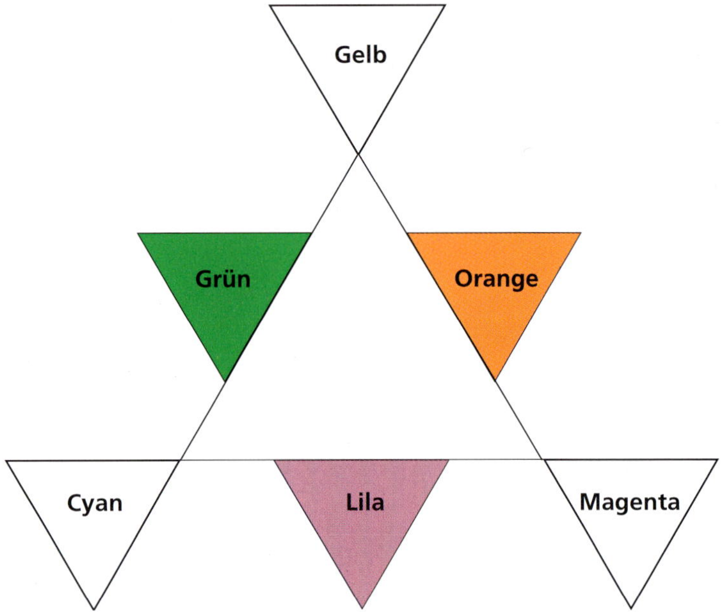

Sekundärfarben entstehen, wenn man die benachbarten Primärfarben mischt

Tertiärfarben

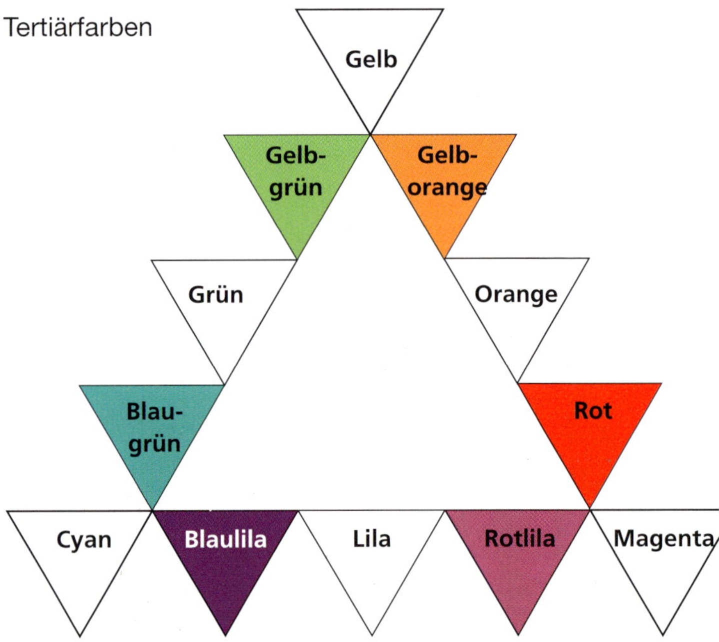

Tertiärfarben entstehen wiederum durch Mischung der benachbarten Primär- mit der Sekundärfarbe

Das Farbdreieck

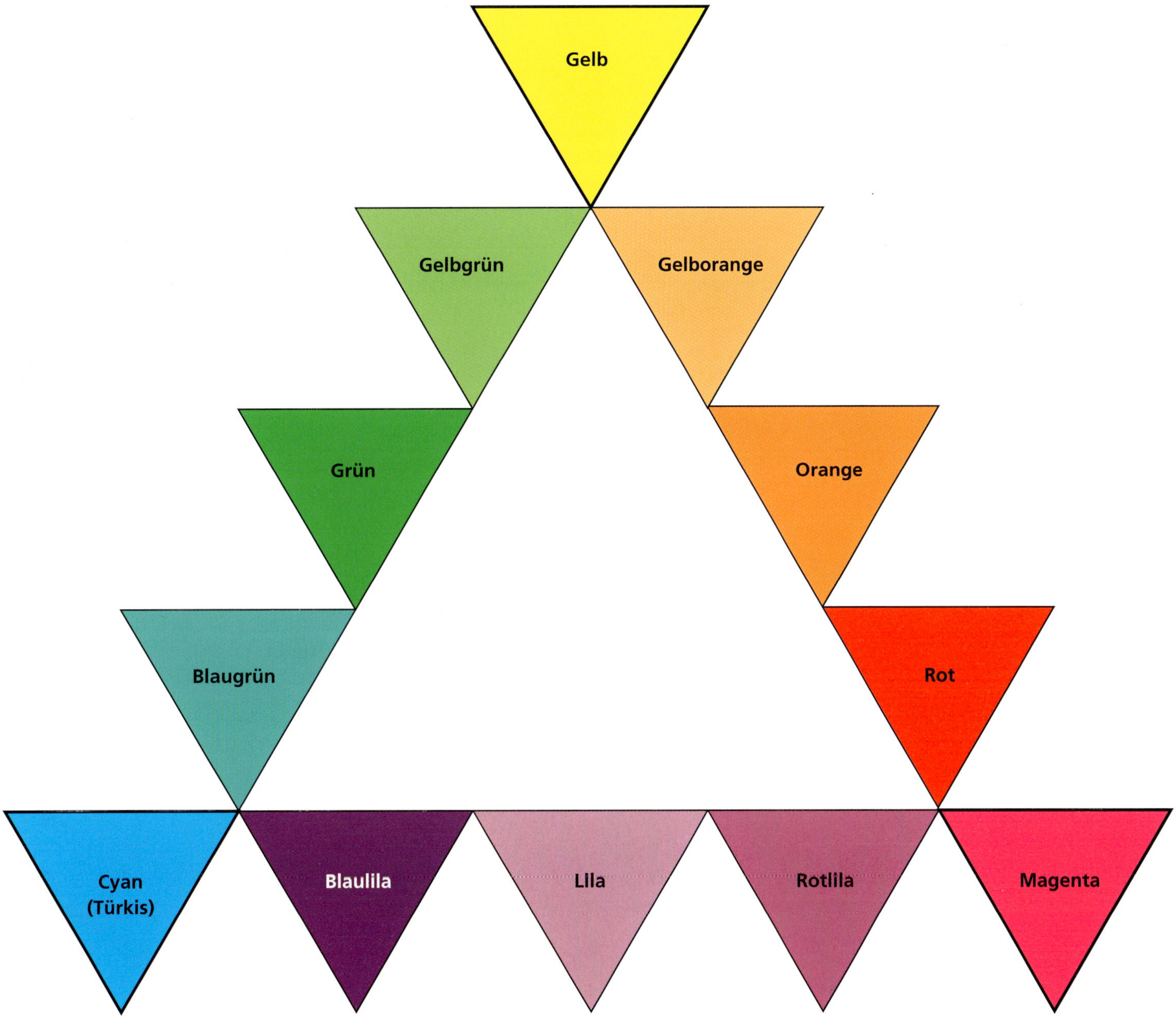

s. vorherige Seite
zum Thema
Farben brechen

Praktischer Teil

Die Parallele zu Kochrezepten ist bei den Färbeanleitungen unverkennbar. Aber so wie das Lieblingsrezept nicht immer gleich schmeckt, ist es trotz genauer Mengenangaben nicht immer möglich, Farbtöne exakt zu reproduzieren. Verstehen Sie deshalb die Mischungsverhältnisse als Grundrezepte, die Ihnen den Einstieg in die Thematik erleichtern sollen; im Laufe der Zeit werden Sie Ihre eigenen „Rezepte“ kreieren.

Obwohl die meisten Farbstoffe ungiftig sind, sollten Sie einige Regeln beim Umgang beachten:

- Benutzen Sie alle Hilfsmittel (wie Töpfe, Löffel, Messbecher etc.), die einmal zum Färben im Einsatz waren, nicht wieder im Lebensmittelbereich der Küche.
- Kennzeichnen Sie die Aufbewahrungsbehälter für Farbpulver und flüssige Farbstoffe deutlich sichtbar.
- Bewahren Sie Farbstoffe oder Farbmischungen für Kinder unzugänglich auf!
- Obwohl alle in Deutschland frei verkäuflichen Farbstoffe nicht karzinogen (=krebserregend) sein dürfen, können sie doch Stoffe enthalten, die in Einzelfällen allergische Reaktionen verursachen können.

Beim Färben entstehen – auch bei größter Vorsicht – immer wieder Spritzer auch dort, wo es nicht geplant ist.

- Tragen Sie deshalb nur alte, ausrangierte Kleider und Schuhe.
- Tragen Sie Gummihandschuhe, damit Ihre Hände keine Farbspuren bekommen. Sollte doch einmal Farbe auf die Haut gelangen, kann sie mit Reduran-Handwaschpaste gut entfernt werden.
- Decken Sie den Einzugsbereich möglicher Spritzer mit Plastikfolie ab.
- Halten Sie möglichst kleine Kinder und Haustiere fern.

Hier noch ein paar Tipps zum benötigten Handwerkszeug:

- Verwenden Sie ausrangierte Bettwäsche und Tischdecken für erste Experimente.
- Sammeln Sie große und kleine Joghurtbecher und Schraubgläser mit Deckel.

- Zum Abmessen der Flüssigkeiten helfen kleinere und größere Milliliter-Messgefäße, die in Haushaltswaren- und Hobbygeschäften erhältlich sind.
- Messlöffel und Pipetten helfen bei der Dosierung der Farbstofflösung bzw. -paste.
- Pinsel und kleine Schwämme sind zum Auftragen der Farbstofflösung zu empfehlen.

Färbeutensilien

1.) Staubschutzmaske zum Anlösen der PROCION MX Farben
2.) Plastikfolie zum Abdecken der Arbeitsfläche
3.) Gummihandschuhe
4.) Quarkbecher
5.) Messlöffel, Pipetten und großes Milliliter-Messgefäß
6.) Schraubglas und Deckel
7.) Schaumstoffrolle und Farbwanne
8.) Schwamm
9.) Reduran-Handwaschpaste
10.) Pinsel
11.) Holzstäbchen zum Umrühren der Farbstofflösung
12.) Kleines Milliliter-Messgefäß

Allgemeine Färbemethoden

Färbung von Zellulosefasern

Für das Färben von Zellulosefasern eignen sich sowohl Reaktiv-Heißfärber als auch Reaktiv-Kaltfärber. Reaktiv-Heißfärber sind ideal für große Stücke, die uni gefärbt werden sollen.
Reaktiv-Kaltfärber wiederum haben den Vorteil, dass man mit ihnen auch auf großen Stücken Multicoloreffekte erreichen kann.

Färbung mit Reaktiv-Heißfärbern

Reaktiv-Heißfärber benötigen Hitze zur Fixierung des Farbstoffs. Das Zuführen der Hitze kann in der Waschmaschine, im Kochtopf, im Backofen oder in der Mikrowelle erfolgen.
Die Auswahl der Erhitzungstechnik sollte sich im wesentlichen an der Größe des Stoffes und an dem gewünschten Färbeeffekt orientieren. Besonders große Stücke werden am besten in der Waschmaschine gefärbt. Ebenso wie die Kochtopftechnik ermöglicht dieses Verfahren jedoch nur die Herstellung von einfarbigen Stoffen. Multicoloreffekte lassen sich im Backofen oder in der Mikrowelle erzielen, wobei aber die Größe des zu färbenden Stoffes begrenzt ist.
Die meisten Reaktivfarbstoffe sind in der stabilen Pulverform erhältlich. Löst man dieses Pulver mit Wasser, ist die Farbstofflösung nur begrenzt brauchbar, d.h. die Reaktivität nimmt mit der Zeit ab. Eine Ausnahme bilden die Flüssigfarben von SIMPLICOL, die durch ein besonderes Herstellungsverfahren eine quasi unbegrenzte Lebensdauer besitzen und sehr komfortabel in der Anwendung sind. Für alle in Pulverform erhältlichen Farben gelten die gleichen Rezepte, wie sie für SIMPLICOL beschrieben werden.
SIMPLICOL-Flüssig enthält Reaktivfarbstoff, der für eine sogenannte echte Färbung (also eine Färbung, die sich auch durch Waschen nicht mehr verändert) von Baumwolle, Viskose, Leinen und Halbleinen geeignet ist. Der Vorteil dieses Farbstoffs besteht darin, dass er bereits gelöst ist. Die Packung enthält den flüssigen Farbstoff sowie ein Echtfix-Granulat, das das alkalische Milieu schafft, welches Reaktivfarbstoffe zur Färbung von Pflanzenfasern zwingend benötigen. Die Farbstofflösung, die in einer Vielzahl von Farbtönen erhältlich ist, ist nahezu unbegrenzt

haltbar, solange keine Mischung mit dem Echtfix-Granulat erfolgt. Erst durch dieses Granulat wird die Fixierreaktion in Gang gesetzt.
Um den unterschiedlichen Materialien und Arbeitsmöglichkeiten gerecht zu werden, gibt es SIMPLICOL-Flüssig für die Temperaturbereiche 60–95 °C und 30–40 °C. Letztere werden nach den Techniken für Reaktiv-Kaltfärber fixiert.
Beim Färben mit größeren Wassermengen, zum Beispiel in der Waschmaschine oder in der Schüssel, muss zusätzlich Salz hinzu gegeben werden. Für eine Packung wird 500 g herkömmliches Tafelsalz (ohne Jod oder Fluor) benötigt. Dieses Salz bewirkt, dass sich das Bestreben des Farbstoffs, zur Faser zu wandern, erhöht und er nicht ungenutzt in der Wassermenge verbleibt.
Nach der Färbung müssen die Stoffe unter fließend kaltem Wasser gründlich ausgespült werden, um Salz, Alkali und unfixierten Farbstoff zu entfernen. Bei zu warmem Wasser kann der verbliebene Farbüberschuss mit den weißen oder sehr hellen Anteilen des Stoffes reagieren.
Anschließend wird der Stoff, wenn die Qualität es zulässt, im Vor- und Hauptwaschgang bei mindestens 60°C in der Maschine gewaschen. Es empfiehlt sich ein Feinwaschmittel ohne optische Aufheller.

Tauchfärbung

Eine Anleitung für die Tauchfärbung, bei der immer unifarbene, gleichmäßig gefärbte Stoffe entstehen, ist jeder Packung beigelegt. Die Intensität der Farbe richtet sich nach der Menge des zu färbenden Stoffes. Mit einer Packung SIMPLICOL-Flüssig erzielt man bei ca. 500 g Stoff einen kräftigen Farbton, bei ca. 1000 g Stoff einen mittleren Farbton und bei ca. 3000 g Stoff einen helleren Farbton.
Für kleinere Stoffmengen empfiehlt sich die Färbung im Kochtopf, für Mengen, die darüber hinaus gehen, die Färbung in der Waschmaschine. Für alle Anwendungen gibt es auf der Verpackung Angaben zur Farbintensität und zur Stoffmenge.

Unifärbung in der Waschmaschine

1. sauberen Stoff in die Maschine geben
2. Echtfix-Granulat zwischen und auf den Stoff geben
3. 500 g Salz in die Trommel geben
4. 60°C Hauptwaschgang starten
5. nach dem Wasserzulauf die Flüssigfarbe über das Waschmittelfach zugeben, mit Wasser nachspülen
6. komplettes Programm durchlaufen lassen
7. nach Programmende überschüssigen Farbstoff in der Maschine auswaschen

Unifärbung im Kochtopf

1. ca. 2 Liter Wasser mit 50 g Echtfix-Granulat (= 2 gehäuften EL) und 2 gehäuften EL Salz zum Kochen bringen
2. flüssigen Farbstoff hinzugeben und umrühren
3. Stoff hinzugeben
4. Farbflotte ca. 60 Minuten auf mittlerer Stufe heiß (ca. 80°C) halten, möglichst nicht kochen; dabei den Stoff bewegen, um eine gleichmäßige Färbung zu erreichen
5. Stoff aus dem Topf nehmen und unter kaltem Wasser gründlich auswaschen
6. Stoff in der Waschmaschine bei 60°C, besser bei 95°C waschen

Direktapplikation

Interessante, ungleichmäßige Strukturen ergeben sich bei Handfärbungen mit SIMPLICOL-Flüssig. Da hierbei nur wenig Wasser verwendet wird, kommen Färbungen in der Mikrowelle und im Backofen ohne die Zugabe von Salz aus. Für Handfärbungen empfiehlt es sich, eine Fixierlösung anzusetzen. Dazu bringt man 1 Liter Wasser zum Kochen und fügt 25 g Fixiermittel (= Echtfix-Granulat) hinzu. Dieses Gemisch weitere 5 Minuten kochen lassen. Da die Haltbarkeit dieses Gemisches mindestens eine Woche beträgt, können auch größere Mengen Fixierlösung angesetzt werden.

Die nachstehende Tabelle zeigt die Rezeptbestandteile und Mengen, die erforderlich sind, um etwa 0,5 Quadratmeter Stoff (50 cm x 100 cm oder 70 cm x 70 cm) zu färben:

Farbintensität	Farbe	Fixierlösung
kräftiger Farbton	35–40 ml	500 ml
mittlerer Farbton	25 ml	500 ml
zarter, hellerer Farbton	5 ml	500 ml

Die so entstandene Mischung aus Farbstofflösung und Fixierlösung wird als Farbflotte bezeichnet. Für größere Stoffstücke ist die Menge der Farbflotte proportional zu erhöhen. Bei mehrfarbigen Kompositionen muss für jede Farbe eine Farbflotte angesetzt werden; die Gesamtmenge sollte sich dann im oben genannten Rahmen bewegen. Die für die Fixierung erforderliche Hitze kann im Backofen oder in der Mikrowelle zugeführt werden. Beide Verfahren bringen unterschiedliche optische Effekte.

Stoff in eine Auflaufform drapiert......

......und mit Farbstofflösungen übergossen

Fixieren im Backofen

Um stark strukturierte Stoffe zu erhalten, bietet sich die Fixierung im Backofen an. Diese Strukturen werden deshalb so ausgeprägt, da der Stoff während des Färbens nicht bewegt wird. Je nach Größe des zu färbenden Stoffstückes kann entweder mit einer Auflaufform oder einer Fettpfanne gearbeitet werden. Dabei wird ein mit Wasser angefeuchtetes Stück Stoff in der Form drapiert, sodass eine Art Berglandschaft entsteht. Anschließend wird die Form mit der Farbflotte aufgefüllt; die Spitzen des Stoffes werden nicht in die Flüssigkeit eingetaucht und somit nicht mitgefärbt.
Mit dieser Methode lassen sich Stoffe herstellen, die in sich gemustert sind. Man kann damit auch Multicoloreffekte erzielen. Bei der Auswahl der Farbtöne für mehrfarbige Stoffe sollte man sich am Farbdreieck orientieren. Farbtöne, die im Farbdreieck nebeneinander liegen, ergeben harmonische Farbkompositionen, während Komplementärfarben stark gebrochene Töne ergeben (vgl. Kapitel Farblehre, Seite 12). Nach dem Färben Stoff wie beschrieben waschen.

Fixieren im Backofen

1. aus 1 l Wasser und 25 g Fixiermittel Fixierlösung herstellen
2. aus 500 ml Fixierlösung und 25 ml Farbstofflösung Farbflotte herstellen
3. Stoff im Backofen bei 100°C 45 Minuten fixieren, anschließend waschen

Stoff im Backofen gefärbt mit SIMPLICOL-Flüssig 60–95° Textilfarbe

Fixieren in der Mikrowelle

Die Fixierung in der Mikrowelle ergibt gegenüber der Backofenfärbung weniger ausgeprägte Strukturen, dafür aber etwas intensivere Farben. Dies liegt daran, dass in der Mikrowelle mehr Feuchtigkeit verdampft. Damit steht weniger Wasser und quantitativ mehr Farbstoff für die Faser zur Verfügung. Wichtig ist hier die Verwendung eines mikrowellengeeigneten Gefäßes. Den Stoff anfeuchten, im Gefäß drapieren, wie für die Backofenfärbung beschrieben und mit der Farbflotte übergießen. Bei 600 Watt 3 x 5 Minuten in der Mikrowelle erhitzen. Nach jeweils 5 Minuten kontrollieren, ob die Stoffspitzen noch hinreichend feucht sind. Ist das nicht der Fall, die Spitzen mit Wasser befeuchten. Andernfalls besteht die Gefahr, dass die Stoffspitzen verbrennen. Eine annähernd gleichmäßige Färbung erhält man, wenn der Stoff nach jeweils 5 Minuten gewendet wird.

Fixieren in der Mikrowelle

1. aus 1 l Wasser und 25 g Fixiermittel Fixierlösung herstellen
2. aus 500 ml Fixierlösung und 25 ml Farbstofflösung Farbflotte herstellen
3. Stoff in der Mikrowelle bei 600 Watt 3 x 5 Minuten fixieren, anschließend waschen

Dieser Quilt wurde zuerst aus einem dunkelblauen und weißen Stoff genäht. Anschließend wurde das fertige Quiltoberteil mit Reaktiv-Kaltfärbern bemalt

Färbung mit Reaktiv-Kaltfärbern

Reaktiv-Kaltfärber reagieren ebenfalls chemisch mit der Faser. Im Gegensatz zu den Heißfärbern benötigen die Kaltfärber keine Hitze, sondern nur eine gewisse Zeit (Verweilzeit), um zu fixieren. Bei Zimmertemperatur werden für eine ausreichende Fixierung ca. 12 Stunden benötigt. Damit der Stoff nicht austrocknet, wird er in Plastikfolie eingewickelt. Nach Beendigung der Verweilzeit wird der Stoff zunächst mit kaltem, dann mit fließend heißem Wasser ausgespült, um das Alkali und einen Teil des nicht gebundenen Farbstoffs zu entfernen. Anschließend wird der restliche, nicht fixierte Farbstoffanteil in der Waschmaschine im Vollwaschprogramm bei 60°C, besser 95°C ausgewaschen, um dadurch eine waschechte Färbung zu erhalten.
Wie alle Reaktivfarbstoffe brauchen auch die Kaltfärber ein alkalisches Milieu (vgl. Kapitel Färbung von Zellulosefasern, Seite 8), um die Fixierung auf der Faser zu erreichen. Dieses wird durch Waschsoda (Natrium-Carbonat) erzeugt.

Sodalösung
50 g Waschsoda werden in heißes Wasser gegeben und verrührt. Nach einer kurzen Ruhezeit, in der sich das Soda auflösen kann, erneut verrühren. Das ergibt einen pH-Wert von ca. 12.

Die in Deutschland gängigsten Reaktiv-Kaltfärber sind SIMPLICOL-Flüssig für 30/40°C und PROCION MX-Farbstoffe. SIMPLICOL-Farbstoffe zeichnen sich durch eine komfortable Anwendung aus, da sie in flüssiger Form angeboten werden. PROCION MX sind sehr reaktionsfreudige Farbstoffe in Pulverform, die besonders leuchtend färben. Mit beiden Farbstoffsortimenten kann nach den folgenden Färbemethoden gearbeitet werden. Im Einzelnen gilt es jedoch, folgende Informationen zu berücksichtigen:

SIMPLICOL-Flüssig 30/40°C

Die Fertigpackung enthält als Fixiermittel das sogenannte Echtfix-Granulat. Dieses besondere Alkali eignet sich jedoch nur als Zusatz für die Färbung in der Waschmaschine. Für alle anderen Methoden der Direktapplikation wird Waschsoda als Alkali eingesetzt (vgl. obenstehendes Rezept). Eine stärkere Verdünnung der Farbstofflösung soll durch Zusetzen von Sodalösung erreicht werden. Würde anstatt der Sodalösung eine entsprechende Menge Wasser zugesetzt, erschienen die Farben zu verwaschen.

Grünbereich gefärbt mit Gelb und Türkis

Grünbereich gefärbt mit Gelb und Primärblau MXG

Grünbereich gefärbt mit Gelb und Medium Blue 072

PROCION MX

PROCION MX-Farbstoffe wurden für das Färben von Zellulosefasern entwickelt. Zum Färben von Seide sind sie zwar einsetzbar, die Ergebnisse fallen jedoch weniger intensiv aus. Der Vorteil der PROCION MX-Farbpalette besteht darin, dass auch die Farbstoffe der drei Primärfarben erhältlich sind: Zitronengelb, Magenta und Türkis. Aus diesen drei Primärfarben können annähernd alle anderen Farbtöne gemischt werden.

In der Praxis gibt es jedoch einen besonderen Punkt zu berücksichtigen: PROCION MX Türkis hat einen besonderen chemischen Aufbau. Das Farbstoffmolekül ist größer und in seiner Fixiergeschwindigkeit langsamer als die anderen PROCION MX-Farbstoffe. Daraus ergibt sich für Türkis eine höhere Anmisch- und Einwirktemperatur und eine längere Reaktionszeit (Verweilzeit) gegenüber Zitronengelb und Magenta. Arbeitet man nun mit einer Kombination von Zitronengelb, Magenta und Türkis führt dies dazu, dass Türkis schwächer ausfällt. Der Farbton Türkis kann nicht aus anderen Farbstoffen gemischt werden, sondern nur als reiner Farbstoff eingesetzt werden. Dabei muss man in Kauf nehmen, dass das reine Türkis in Kombination mit anderen Farbstoffen, bei vergleichbaren Bedingungen, etwas heller ausfällt. Man kann aber auch die Farbstofflösung konzentrierter ansetzen, also etwas mehr als 30 ml Farbstofflösung auf 250 ml Wasser. Wird nur mit Türkis gearbeitet, kann die volle Farbtiefe auch erreicht werden, indem die Verweilzeit verlängert wird (bis zu 72 Stunden möglich).

Als Grundfarbstoff zum Mischen sollte man auf ein anderes Blau zurückgreifen, das dann als Pendant zu den anderen beiden Grundfarben fungiert. Alternativ bieten sich die Farbtöne 070 „Cerulean Blue“ (Primärblau MXG) oder 072 „Medium Blue“ an. Die Bezeichnungen der Farbstoffe können sich von Abfüller zu Abfüller unterscheiden! Beide Blautöne sind sich ähnlich und haben einen leichten Rotschimmer. Dadurch bedingt, ergeben sich im Grünbereich (gemischt aus Zitronengelb und einem der beiden Blaufarbstoffe) Farbtöne, die zwar intensiv, aber auch etwas trüb sind. Verwenden Sie also Türkis als Grundfarbe zum Mischen für helle, klare Grüntöne und Blau (070 oder 072) als Grundfarbe zum Mischen für kräftige, aber leicht gebrochene Töne. Beim Mischen des Lila-Bereiches (gemischt aus Blau und Magenta) ergeben sich keine großen Unterschiede. Die Farben sind nur etwas kräftiger, wenn anstatt Türkis ein Blau (070 oder 072) eingesetzt wird.

In der Praxis empfiehlt es sich, die Primärfarben um Schwarz und Dunkelblau zu ergänzen. Schwarz lässt sich nur schwer aus anderen Farbstoffen mischen. Dunkelblau bietet sich als Originalfarbe an und besonders auch zum Mischen von Lila- und Blautönen, da die Mischtöne damit dunkler und kräftiger werden.

Primärfarben der PROCION MX-Palette

- Zitronengelb
- Magenta
- Blau

Lösen des Farbstoffs

Die Farbstoffe liegen in Pulverform vor und sind sehr leicht in warmem Wasser löslich. Die Farbstofflösung ist ca. eine Woche haltbar, danach lässt die Farbintensität deutlich nach. Deshalb sollte jeweils nur die erforderliche Farbstoffmenge gelöst werden.

Zunächst den Arbeitsplatz mit einer angefeuchteten Zeitung auslegen. Dadurch werden verstreute Farbpartikel aufgenommen und sofort angelöst. Zum Lösen des Farbstoffs Leitungswasser auf ca. 30–35 °C erwärmen. Die gewünschte Menge Farbstoffpulver unter Rühren hinzufügen – solange weiterrühren, bis das Pulver komplett gelöst ist.

Im Heimbereich ist es auch mit Hilfe einer Briefwaage kaum möglich, die geringen Mengen an Farbpulver exakt abzuwiegen. Daher hat es sich durchgesetzt, die Farben mit Hilfe von Löffeln abzumessen. Geeignet sind hierfür standardisierte amerikanische Löffel, die in gut sortierten Haushaltswarengeschäften erhältlich sind:

Standardisierte Maßeinheiten

1 gestrichener Tablespoon	(TBSP)	=	15 ml
1 gestrichener Teaspoon	(1 TSP)	=	5 ml
1/2 gestrichener Teaspoon	(1/2 TSP)	=	2,5 ml
1/4 gestrichener Teaspoon	(1/4 TSP)	=	1,25 ml

Achtung!

Damit das sehr feine PROCION MX-Farbpulver nicht in die Atemwege gelangt, empfiehlt sich das Tragen einer Staubschutzmaske (aus Apotheke oder Baumarkt), während des Lösevorgangs des Pulvers.

Ist der Farbstoff gelöst, ist die Maske nicht mehr erforderlich.

Grundrezepte für alle Farbansätze mit PROCION MX-Farbstoffen

Standard-Farbstofflösung	Blau oder Gelb	Magenta
2 Tablespoon (= 30 ml) Farbstoffpulver	auf 250 ml Wasser	auf 360 ml Wasser
1 Teaspoon (= 5 ml) Farbstoffpulver	auf 42 ml Wasser	auf 60 ml Wasser

Besonderheiten der drei Grundfarben

Da Magenta ein besonders intensiver Farbstoff ist, kann es mit mehr Wasser gelöst werden, um eine mit Blau oder Gelb vergleichbare Farbtiefe zu erreichen (siehe obige Tabelle). Nimmt man mehr gelbes Farbpulver als 1 Tablespoon auf 250 ml Wasser, ist kein klares Zitronengelb mehr zu erzielen. Das Gelb erhält dann einen Stich ins Orange.

Werden weniger intensive Farben gewünscht, kann die Farbstofflösung gleich geringer konzentriert angesetzt werden. Dazu die Menge an Farbstoffpulver aus oben stehender Tabelle halbieren:

Farbstofflösung für hellere Farbtöne	Blau oder Gelb	Magenta
1 Tablespoon (= 15 ml) Farbstoffpulver	auf 250 ml Wasser	auf 360 ml Wasser
1/2 Teaspoon (= 2,5 ml) Farbstoffpulver	auf 42 ml Wasser	auf 60 ml Wasser

Mischfarbtöne
Wenn man mit dem Färben beginnt, neigt man dazu, die gewünschte Farbe bereits fertig zu kaufen. Mit der Zeit verfügt man dann zwar über Dutzende von Färbemitteln, braucht aber tatsächlich nur wenige Farben, die es vielleicht gar nicht zu kaufen gibt. Mit etwas Übung und den folgenden Tabellen kann man aus zwei bzw. drei Primärfarben beliebig viele Mischfarbtöne herstellen. Die Mischtabellen sollen als Hilfestellung verstanden werden, die am Anfang das gezielte Mischen der Farbstoffe zum Erreichen von Mischfarbtönen erleichtert. Im Laufe der Zeit entwickelt man selbst ein Gefühl für die Farben, insbesondere für die Kombination der bevorzugten Mischfarbe.

Regenbogenpalette
Die klaren, leuchtenden Farben der Regenbogenpalette lassen sich aus jeweils zwei Grundfarben mischen. In der Tabelle auf Seite 28 finden Sie für jede gewünschte Regenbogenfarbe das Mischungsverhältnis. Die Prozentangaben dienen als Basis für jede gewünschte Stoffmenge. Die Angaben gelten auch für andere Farbstoffsortimente, wie dampffixierbare Seidenmalfarben oder Bügelfarben, wenn mit den drei Grundfarben (Zitronengelb, Magenta und Cyan bzw. Blau) gearbeitet wird.

Berechnungsbeispiel
Es werden 30 ml Lila (lfd. Nr. 21) benötigt.
Der Tabelleneintrag gibt das Mischungsverhältnis an: Lila besteht zu 60 % aus Magenta und 40 % aus Blau

Es ergibt sich damit
für Magenta
30 ml x 60 : 100 = 18 ml Magenta
für Blau
30 ml x 40 : 100 = 12 ml Blau

Beide Farbstofflösungen abmessen, zusammengießen und umrühren. Fertig ist die Farbstoffmischung.

Herbstpalette
Die gebrochenen Farbtöne der Herbstpalette lassen sich aus den drei Grundfarben mischen (siehe Färbetabelle auf Seite 29). Gebrochene Töne entstehen durch die Mischung von Komplementärfarben. Dies sind die Farben, welche sich im Farbdreieck direkt gegenüberliegen:

Blau – Orange
Magenta – Grün
Gelb – Lila

Da die Farben Lila, Orange und Grün schon Mischfarben sind, werden für die gebrochenen Farben alle drei Grundfarben in unterschiedlichen Anteilen benötigt. Für das Mischen lassen sich folgende Faustregeln aufstellen:

- Wird der Gelb-Orange-Rot-Bereich (gemischt aus Gelb und Magenta) mit ca. 1% Blau gemischt, entstehen die warmen, gebrochenen Verwandten dieser Farbe.
- Wird der gleiche Bereich mit ca. 3–15 % Blau gemischt, entstehen eher bräunliche Töne.
- Wird der Grün-Bereich (gemischt aus Gelb und Blau) mit 2–8 % Magenta gemischt, entstehen Olivtöne. Dabei gilt, je höher der Magenta-Anteil, desto „schmutziger" werden die Farben.
- Bordeauxtöne entstehen aus dem Rot-Lila-Bereich (gemischt aus Magenta und Blau), gebrochen mit relativ hohem Gelb-Anteil, ca. 40 %. Wird der Gelb-Anteil höher, erscheinen die Farben eher bräunlich, bei niedrigerem Anteil eher blaustichig.

Regenbogenpalette mit 39 Farbtönen

Färbetabelle: Regenbogenpalette

Färbetabelle für PROCION MX-Farbstoffe (in %)				
Nr.	Regenbogenfarben	Gelb	Magenta	Blau bzw. Cyan bzw. Türkis
1	Zitronengelb	100 %		
2	Gelb	99 %	1 %	
3		97,5 %	2,5 %	
4	Gelb-Orange	95 %	5 %	
5		90 %	10 %	
6	Orange	80 %	20 %	
7		70 %	30 %	
8		60 %	40 %	
9	Rot-Orange	50 %	50 %	
10		40 %	60 %	
11	Rot	20 %	80 %	
12		10 %	90 %	
13		5 %	95 %	
14		2,5 %	97,5 %	
15	Pink		100 %	
16			97,5 %	2,5 %
17			95 %	5 %
18	Rot-Lila		90 %	10 %
19			80 %	20 %
20			70 %	30 %
21	Lila		60 %	40 %
22			50 %	50 %
23			40 %	60 %
24			30 %	70 %
25	Rot-Lila		20 %	80 %
26			10 %	90 %
27			5 %	95 %
28	Türkis			100 %
29		5 %		95 %
30		10 %		90 %
31		20 %		80 %
32		40 %		60 %
33	Grün	50 %		50 %
34		60 %		40 %
35		70 %		30 %
36		80 %		20 %
37		90 %		10 %
38	Gelb-Grün	95 %		5 %
39		97,5 %		2,5 %

Farbnummern ohne Bezeichnung ergeben Mischtöne, die zwischen den bezeichneten Tönen liegen.

Färbetabelle: Herbstpalette

Färbetabelle für PROCION MX-Farbstoffe (in %)				
Nr.	Herbstpalette (gebrochene Töne)	Gelb	Magenta	Türkis
1	Gelb	98,5 %	1 %	0,5 %
2	Maisgelb	95 %	4 %	1 %
3	Gelb-Orange	80 %	19 %	1 %
4	Rot-Orange	65 %	34 %	1 %
5	Rot	45 %	54 %	1 %
6	Bordeaux	43 %	43 %	14 %
7	Bordeaux II	50 %	37,5 %	12,5 %
8	Rotbraun	40 %	40 %	20 %
9	Braun	60 %	30 %	10 %
10	Gelb-Braun	76 %	16 %	8 %
11	Oliv	76 %	8 %	16 %
12	Grün	80 %	3 %	17 %
13	Gelb-Grün	88 %	2 %	10 %
14	Gelb-Oliv	88 %	4 %	8 %

Aus dieser Tabelle lassen sich weitere Farbtöne entwickeln, wenn die jeweiligen Mischungsverhältnisse leicht verändert werden.

Abgestufte Farbstärken von Hell nach Dunkel

Wer seine Lieblingsfarbe einmal gefunden hat, möchte diese vielleicht in verschiedenen Farbabstufungen verwenden, um damit Effekte zu erzielen (siehe Färbetabelle auf Seite 30). Dafür wird eine Standard-Farbstofflösung angesetzt (vgl. Grundrezepte für Farbansätze mit PROCION MX-Farbstoffen, Seite 24). Diesem Farbgemisch wird, je nach Verdünnungsstufe, ein entsprechender Anteil Wasser zusätzlich hinzugefügt. Je nach gewünschter Anzahl der Farbabstufungen ist es sinnvoll, die Standard-Farbstofflösung auf kleine Töpfchen (z.B. Quarkbecher) aufzuteilen und anschließend die Wasseranteile hinzuzugeben.

Herbstpalette mit 14 Farbtönen

Farbabstufungen von Hell nach Dunkel

Färbetabelle: Farbabstufungen

Verdünnungsstufe	Ergebnis	Anteil Farbstoffgemisch	Anteil Wasser
1. Stufe	unverdünnt	1	0
2. Stufe	↑	1	1
3. Stufe		1	2
4. Stufe		1	4
5. Stufe		1	8
6. Stufe		1	15
7. Stufe	↓	1	30
8. Stufe	sehr stark verdünnt	1	40

Tauchfärbung

Bei der Tauchfärbung in der Waschmaschine wird eine annähernd gleichmäßige Färbung des Stoffes erreicht. Dafür wird eine Standard–Farbstofflösung angesetzt (vgl. Grundrezepte für Farbansätze mit PROCION MX-Farbstoffen, Seite 24). Zusätzlich zum Farbstoff und Waschsoda wird Salz (Tafelsalz ohne Jod und Fluor) benötigt (vgl. Kapitel Färbung von Zellulosefasern, Seite 8).
Das nachfolgende Rezept gilt für ca. 500 g Stoff, was in etwa einem Bettlaken oder 2 Meter Stoff bei 140 cm Breite entspricht. Bei anderen Stoffmengen passen Sie das Rezept proportional an. Dabei sollte im Voraus die gewünschte Farbtiefe bestimmt werden. Dieses erreicht man über die entsprechende Dosierung der Standard-Farbstofflösung:

kräftiger Farbton = ca. 60 ml Farbstofflösung
mittlerer Farbton = ca. 30 ml Farbstofflösung
hellerer Farbton = ca. 15 ml Farbstofflösung

Unifärbung in der Waschmaschine

1. Stoff mit 250 g Salz in die Waschmaschine geben
2. 40°C Hauptwaschgang starten und ca. 5 Minuten laufen lassen
3. entsprechende Menge Farbstofflösung über das Waschmittelfach zugeben und mit Wasser nachspülen; Maschine weitere 5 Minuten laufen lassen
4. 2 Liter Sodalösung über das Waschmittelfach zugeben und mit Wasser nachspülen
5. komplettes Programm durchlaufen lassen
6. nach Programmende den überschüssigen Farbstoff in der Maschine auswaschen

Direktapplikation

Mit Direktapplikationen des Farbstoffes lassen sich, je nach Methode, unterschiedliche Effekte auf dem Stoff erzielen. Sie brauchen dazu Stoff, angelösten Farbstoff, Sodalösung und etwa 12 Stunden Einwirkzeit in feuchtem Zustand. Nach der Färbung wird der Stoff unter fließend kaltem Wasser gründlich ausgespült. Bei zu warmem Wasser könnte der noch verbliebene Farbüberschuss mit den weißen bzw. sehr hellen Anteilen des Stoffes reagieren. Anschließend mit Vor- und Hauptwaschgang, wenn die Stoffqualität es zulässt bei mindestens 60°C in der Maschine waschen. Es empfiehlt sich ein Feinwaschmittel ohne optische Aufheller.

Färbung im Plastikbeutel

Mit dieser Technik bekommt man einfarbige, in sich strukturierte Stoffe. Das folgende Rezept reicht für die Färbung von etwa 0,5 m^2 Stoff; das entspricht einer Größe von ca. 50 cm x 100 cm oder 70 cm x 70 cm oder 35 cm x 140 cm oder einem Stoffgewicht von etwa 90 g. Für andere Stoffmengen muss das Rezept proportional angepasst werden.

Färbung im Plastikbeutel

Verschiedene Stoffe im Plastikbeutel gefärbt

Die gewünschte Farbtiefe erreicht man über die entsprechende Farbdosierung:

kräftiger Farbton = ca. 50 ml Farbstofflösung
mittlerer Farbton = ca. 25 ml Farbstofflösung
hellerer Farbton = ca. 5 ml Farbstofflösung

Färbung im Plastikbeutel

1. in einem Gefrierbeutel 200 ml Sodalösung mit entsprechender Farbstofflösung mischen
2. Stoff in den Beutel geben und diesen gut verschließen (Gummiring)
3. Farbe und Stoff vorsichtig durchkneten
4. Farbe ca. 12 Stunden bei Raumtemperatur einwirken lassen
5. Stoff aus dem Beutel nehmen und waschen

Gibt man den Stoff angefeuchtet in den Beutel, wird der Farbton etwas heller, bei trockenem Stoff wird der Farbton intensiver. Das liegt daran, dass durch den feuchten Stoff eine größere Verdünnung der Farbstofflösung entsteht. Wird der Beutelinhalt nur wenig durchgeknetet, entstehen ausgeprägte Strukturen auf dem Stoff. Je mehr geknetet wird, desto gleichmäßiger wird die Färbung.

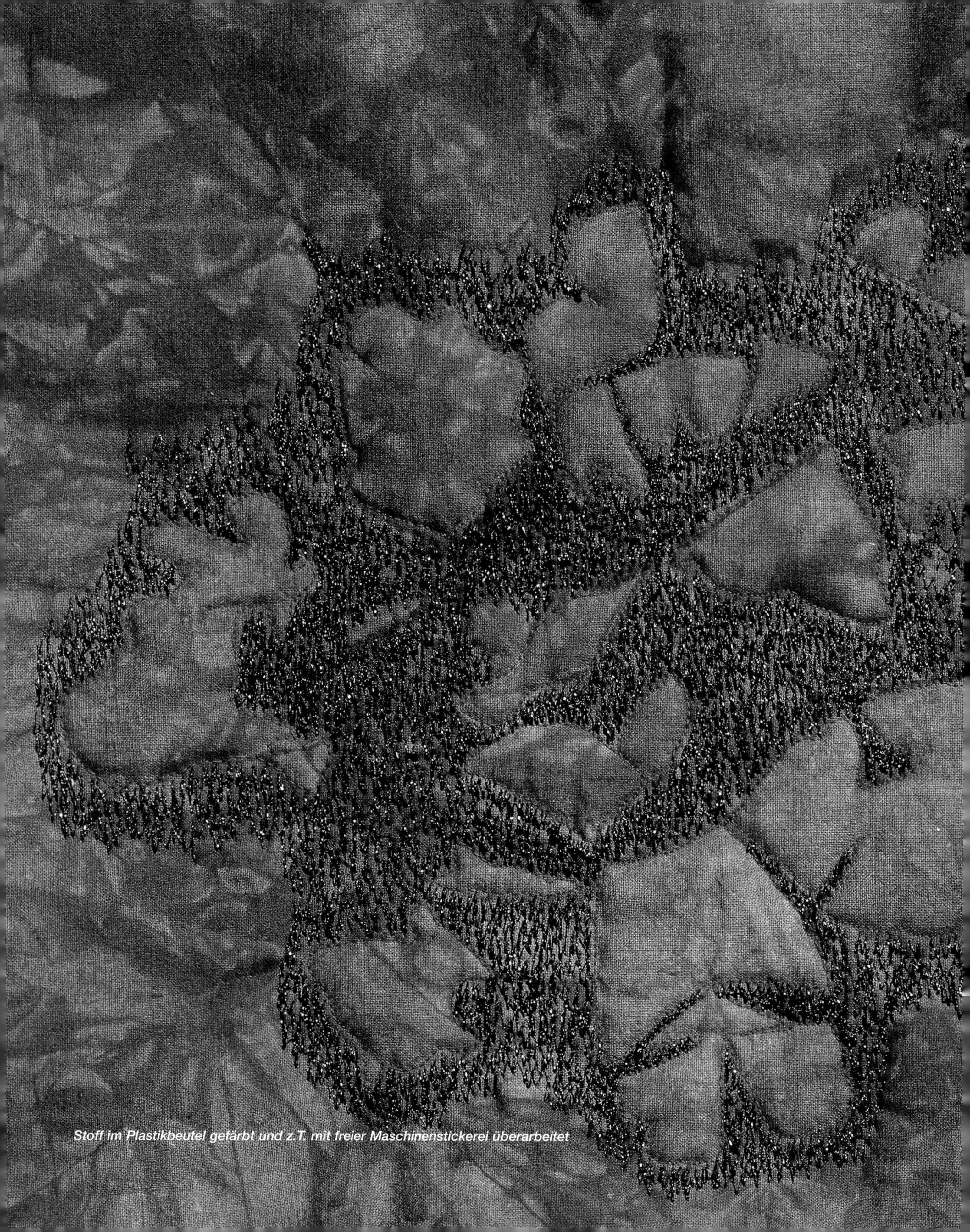

Stoff im Plastikbeutel gefärbt und z.T. mit freier Maschinenstickerei überarbeitet

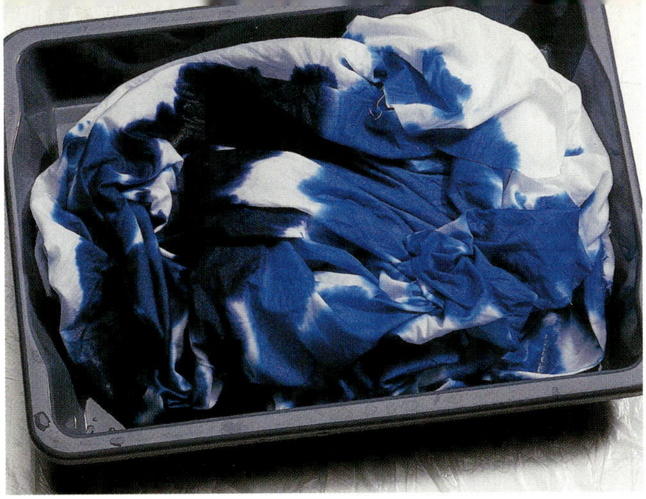

Für die Färbung in der Plastikschüssel wurde der Stoff mit verschiedenen blauen Farbstofflösungen übergossen

Färbung in der Plastikschüssel

Bei der Färbung in der Plastikschüssel können Multicolorstoffe ganz einfach hergestellt werden. Sie weisen zudem eine Struktur auf. Bei der Auswahl der Farbtöne sollte man sich am Farbdreieck orientieren. Farben, die im Farbdreieck nebeneinander liegen, ergeben harmonische Farbkombinationen, während Komplementärfarben stark gebrochene Töne ergeben (vgl. Kapitel Farblehre, Seite 12).

Färbung in der Plastikschüssel

1. Stoff für ca. 10 Minuten in der Sodalösung einweichen und sehr gut auswringen, ggf. auch in ein Handtuch einrollen und ausdrücken
2. Stoff in einer Plastikschüssel drapieren
3. verschiedene Lösungen unterschiedlicher Farbtöne vorsichtig über den Stoff gießen
4. Stoff durchkneten; je mehr geknetet wird, desto mehr mischen sich die Farben miteinander
5. Stoff in einen Plastikbeutel geben und die Farbe bei Raumtemperatur ca. 12 Stunden einwirken lassen

Durch das Kneten mischen sich die Farben untereinander

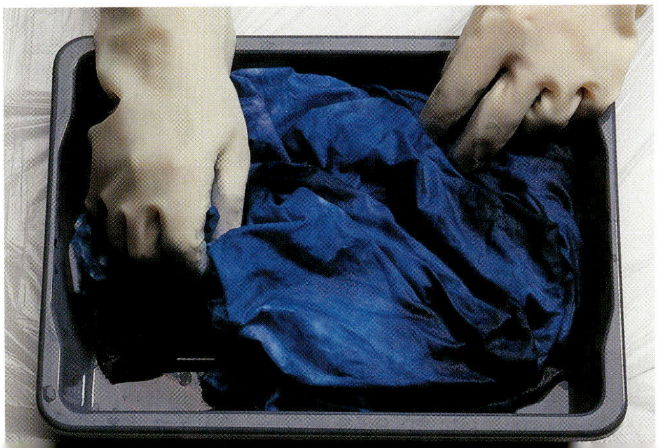

Stoff mit Gelb und Rot in der Plastikschüssel gefärbt: Aufgrund der Mischung der beiden Farben entstanden verschiedene Orangeabstufungen

Stoff mit Faltenstruktur im Farbverlauf gefärbt

Färbung in der Plastikwanne (Faltenstruktur)

Diese Methode eignet sich besonders, um einen in sich stärker strukturierten Stoff zu erhalten. Der Stoff wird in einer Wanne drapiert, so dass eine Art „Berglandschaft“ entsteht. Für größere Stücke eignet sich ein Seidenmalrahmen, der mit einer stärkeren Plastikfolie auslaufsicher ausgelegt wird. Anschließend wird der Stoff mit einer Mischung aus Farbstoff- und Sodalösung übergossen. Die Spitzen des Stoffes ragen aus der Farbflotte heraus und werden somit gar nicht bzw. deutlich heller gefärbt. Das Verhältnis von Farbstoff- und Sodalösung entspricht dem Rezept „Färbung im Plastikbeutel“ (siehe Seite 31), wobei der Anteil von Soda und Farbstofflösung um ca. 10–15% erhöht werden sollte, um eine ausreichende Flüssigkeitsmenge zu erhalten.

Als interessante Variante bietet sich bei dieser Technik an, reizvolle **Multicolorstoffe** herzustellen, indem man den Stoff partiell mit unterschiedlichen Farbflotten übergießt. Hierbei ist zu beachten, dass die Farben ineinander laufen und so Mischungen entstehen.

Ein Abdecken mit Plastikfolie erübrigt sich bei dieser Methode, da aufgrund der hohen Flüssigkeitsmenge keine Gefahr besteht, dass der Stoff austrocknet. Nach 12 Stunden den Stoff aus der Farbflotte nehmen und wie gewohnt waschen.

Stoffbemalung

Einen kontrollierten Farbauftrag erreicht man durch die Bemalung der Stoffe. Als Hilfswerkzeuge eignen sich nicht nur Pinsel, auch Schaumstoffrollen und Schwämme können zum Einsatz kommen.

Bei relativ nasser Bemalung entwickeln sich auf der Rückseite des Stoffs Luftblasen. Durch die dichte Webart des Popelins können diese nicht entweichen und es bildet sich ein besonderes Muster

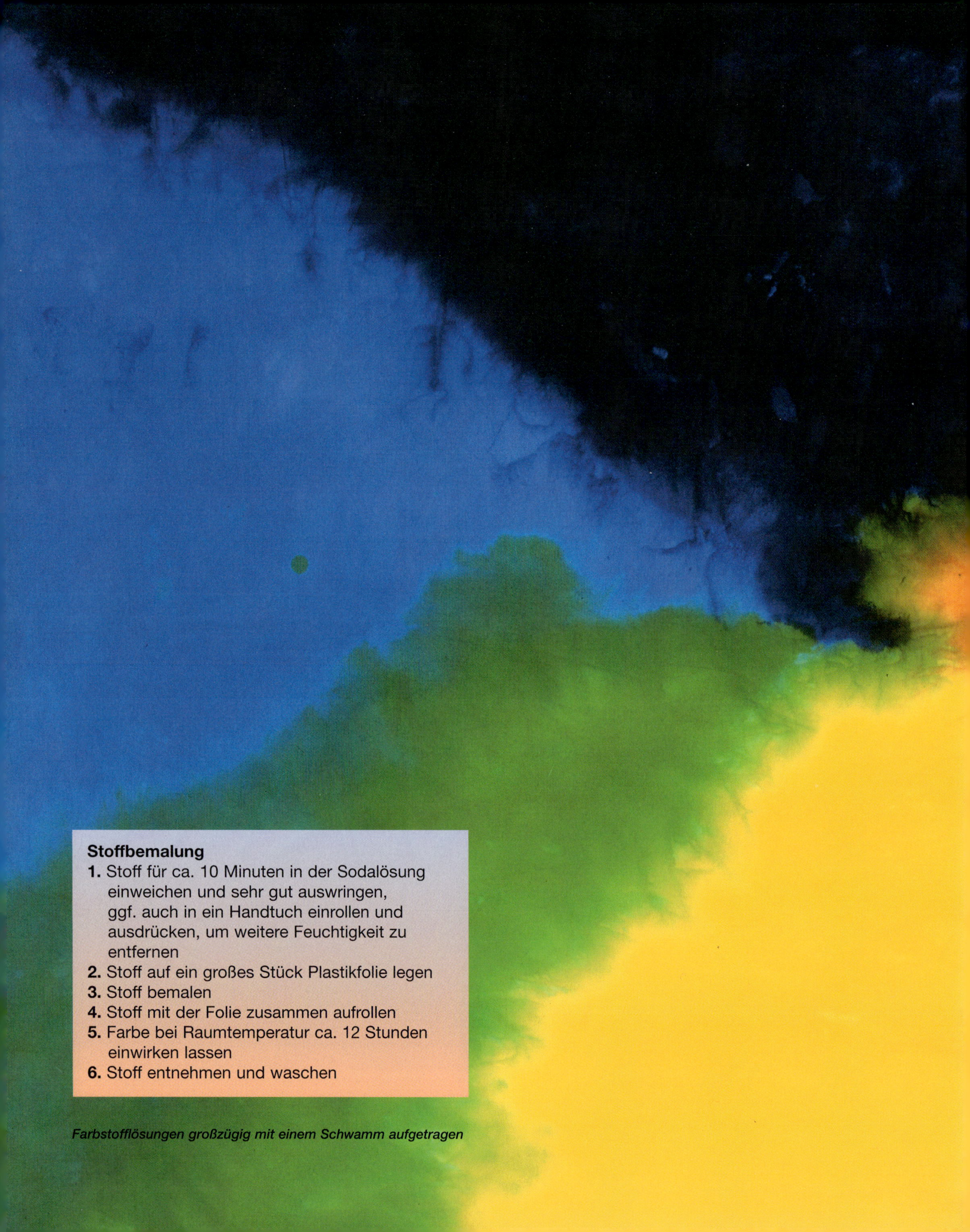

Stoffbemalung

1. Stoff für ca. 10 Minuten in der Sodalösung einweichen und sehr gut auswringen, ggf. auch in ein Handtuch einrollen und ausdrücken, um weitere Feuchtigkeit zu entfernen
2. Stoff auf ein großes Stück Plastikfolie legen
3. Stoff bemalen
4. Stoff mit der Folie zusammen aufrollen
5. Farbe bei Raumtemperatur ca. 12 Stunden einwirken lassen
6. Stoff entnehmen und waschen

Farbstofflösungen großzügig mit einem Schwamm aufgetragen

Traditionelle Seidenmalerei mit Guttatechnik

Färbung von Proteinfasern

Proteinfasern sind tierischen Ursprungs und umfassen im wesentlichen Wolle und Seide. Beide Stoffarten lassen sich prinzipiell mit den gleichen Farbstoffen färben, obwohl Wolle deutlich empfindlicher ist als Seide. Starke mechanische Beanspruchungen, wie dies zum Beispiel bei der Färbung in der Waschmaschine der Fall ist, verträgt Seide problemlos – Wolle neigt hierbei zum Verfilzen. Aus diesem Grund sind nicht alle hier aufgeführten Färbetechniken für Wolle geeignet. Bitte beachten Sie dazu die Hinweise zu den einzelnen Kapiteln.
Während die Auswahl an Endprodukten aus Wolle begrenzt ist, gibt es bei Seide eine sehr breite Palette. Sie reicht von Tüchern und Schals über Krawatten bis hin zu Kissenhüllen, Fertigkleidung und Accessoires. Als Einkaufsquelle empfehlen sich Hobbygeschäfte, die auch auf dem Gebiet der Seidenmalerei gut sortiert sind. Hier sind auch die klassischen dampffixierbaren Seidenmalfarben in großer Auswahl erhältlich, die sich ideal zum Färben von Seide und Wolle eignen. Eine Alternative für die Seidenfärbung sind die PROCION MX-Farben. Hier fallen die Ergebnisse bei Seide allerdings weniger intensiv aus als bei Baumwolle.
Die für PROCION MX erarbeiteten Farbmischtabellen (vgl. Seite 28 und 29) lassen sich im wesentlichen auch auf die Seidenmalfarben übertragen, wenn Primärfarben benutzt werden.
Häufig sind die Hobbygeschäfte auch in der Lage, die erforderliche Dampffixierung professionell durchzuführen. Eine Fixierung im eigenen Schnellkochtopf ist zwar auch prinzipiell möglich, es besteht jedoch schnell die Gefahr, dass „das gute Stück“ durch unsachgemäße Behandlung Schaden erleidet.
An dieser Stelle sei auf die umfangreiche Literatur zur traditionellen Seidenmalerei hingewiesen, die viele Aspekte viel ausgiebiger behandelt, als das hier der Fall sein kann.
Neben den dampffixierbaren Seidenmalfarben sind eine Vielzahl von Seidenmal-Bügelfarben erhältlich. Diese haben den Vorteil, dass sie mit einem Bügeleisen oder einem Fön auf dem Stoff fixiert werden können. Die Bügelfarbe dringt jedoch nicht in die Faser ein, sondern haftet auf der Stoffoberfläche. Der Stoff wird dadurch fester im Griff, und die Farben erscheinen generell etwas stumpf und matt. Bügelfarben kommen überall dort zum Einsatz, wo eine Dampffixierung der Seide oder Wolle nicht möglich ist, wie z.B. bei vorgefertigten Fensterbildern. Bügelfarben eignen sich auch zum Färben von Synthetikstoffen oder Mischgeweben, die sich mit anderen Farbstoffen nicht färben lassen.
Nach jeder Färbung, ausgenommen bei der Waschmaschinenfärbung, den Stoff gründlich mit viel Wasser auswaschen, um überschüssige Seidenmalfarbe zu entfernen. Die Seide anschließend zwischen zwei Handtuchlagen ausrollen und im feuchten Zustand bügeln.

Tauchfärbung

Unifärbung in der Waschmaschine

(für Wolle nicht geeignet)
In der Waschmaschine wird eine gleichmäßige Färbung der Seide erzielt. Dieses Verfahren empfiehlt sich besonders für eine größere Materialmenge, z.B. für Kleidung. In Betracht kommt nicht nur ungefärbte Ware aus dem Seidenmalsortiment. Auch farbige Kleidungsstücke können in der Waschmaschine überfärbt werden. Die Färbung in der Waschmaschine ist ganz einfach. Dabei sollte vorher die Seidenmalfarbe abgemessen werden. Die Menge, zwischen 50 und 200 ml, richtet sich nach der Seidenmenge und der gewünschten Farbtiefe. Als Anhaltspunkt: für ein normales Seidentuch in der Größe 90 cm x 90 cm reichen 50 ml, für größere Stücke entsprechend mehr.

Unifärbung von Seide in der Waschmaschine

1. Seide in die Waschmaschine geben
2. 60 °C Hauptwaschprogramm starten und warten bis der Wasserzulauf stoppt
3. Seidenmalfarbe und einen Schuss Haushaltsessig über das Waschmittelfach zugeben und mit Wasser nachspülen
4. das komplette Programm durchlaufen lassen
5. nach Programmende überschüssigen Farbstoff mit einem Feinwaschmittel bei 60 °C mit Vor- und Hauptwaschgang auswaschen

Unifärbung im Kochtopf

(für Wolle geeignet)
Durch eine allmähliche Erhöhung der Temperatur im Färbebad und geringerer mechanischer Beanspruchung, als dies in der Waschmaschine der Fall ist, nimmt die Wolle bei der Färbung im Topf keinen Schaden. Farbstoff- und Flüssigkeitsmenge richten sich nach der zu färbenden Stoffmenge. Für ein dünnes Seidentuch von 90 cm x 90 cm reichen 500 ml Wasser und 15 ml Seidenfarbe aus.

Unifärbung von Seide und Wolle im Kochtopf

1. Wasser mit einem Schuss Haushaltsessig und entsprechende Menge Seidenmalfarbe in einen großen Topf geben
2. angefeuchtete Wolle oder Seide hinzugeben
3. Farbbad ca. 15 Minuten köcheln lassen, dabei den Stoff bewegen, um eine gleichmäßige Färbung zu erreichen; durch das Kochen in essigsaurer Flotte wird der Farbstoff fixiert
4. Stoff aus dem Topf nehmen und den Farbüberschuss auswaschen

Direktapplikation

Im Gegensatz zur gleichmäßigen Optik der Tauchfärbung werden bei der Direktapplikation Musterungen erzielt, die, je nach verwendeter Methode, sehr unterschiedlich ausfallen können. Während die Stoffbemalung sehr gezielte Ergebnisse bringt, ergeben sich bei der Färbung im Backofen oder in der Mikrowelle eher zufällige Effekte. Allen Methoden gemeinsam ist, dass die Seidenmalfarben zur Fixierung auf der Faser Hitze benötigen. Die vom Backofen oder der Mikrowelle erzeugte Hitze fixiert die noch farbfeuchten Stoffe. Bei der Direktbemalung wird die getrocknete Wolle oder Seide dampffixiert.

Färbung im Backofen (auch für Wolle geeignet)

1. Den Stoff (Wolle oder Seide) mit einer Lösung aus Wasser und einem Schuss Haushaltsessig anfeuchten und nass in eine Auflaufform drapieren
2. mit einer oder mehreren Seidenmalfarben beträufeln
3. 45 Minuten bei 100 °C im Backofen fixieren; zwischendurch ggf. die Spitzen mit Wasser nachfeuchten, um ein Verbrennen zu verhindern
4. waschen

Schafwolle im Backofen mit dampffixierbarer Seidenmalfarbe gefärbt, anschließend versponnen und verstrickt

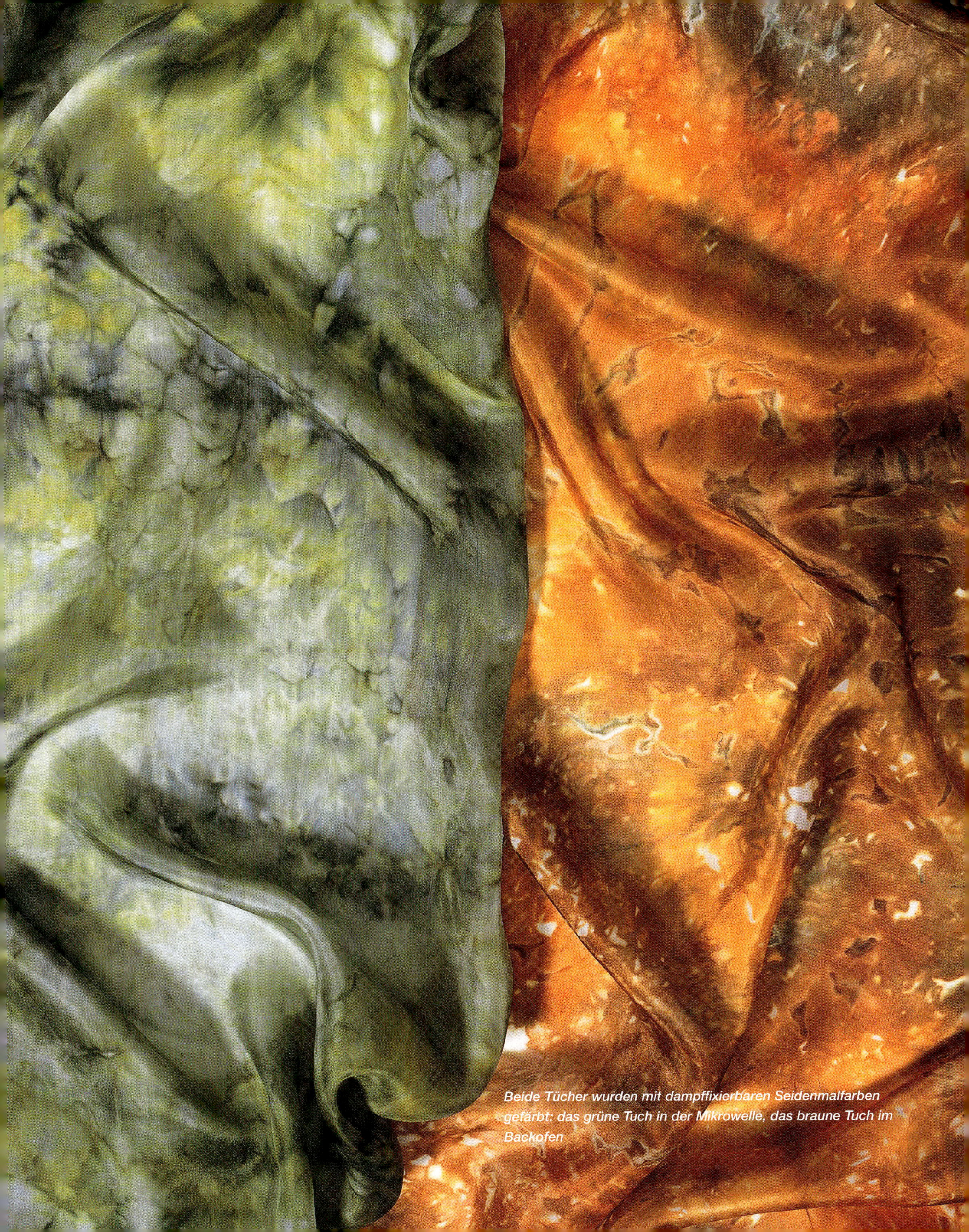

Beide Tücher wurden mit dampffixierbaren Seidenmalfarben gefärbt: das grüne Tuch in der Mikrowelle, das braune Tuch im Backofen

Färbung in der Mikrowelle (auch für Wolle geeignet)

1. Den Stoff (Wolle oder Seide) mit einer Lösung aus Wasser und einem Schuss Haushaltsessig anfeuchten und nass in ein mikrowellengeeignetes Gefäß drapieren
2. mit einer oder mehreren Seidenmalfarben beträufeln
3. bei 600 Watt 3 x 5 Minuten in der Mikrowelle fixieren; nach je 5 Minuten kontrollieren, ob die Stoffspitzen noch feucht sind; ggf. mit Wasser befeuchten, sonst könnten die Spitzen verbrennen
4. waschen

Bei dicker Stoffqualität bzw. größerer Stoffmenge muss die Fixierzeit in der Mikrowelle verlängert werden. Werden die Stoffspitzen nicht mit Wasser, sondern mit einem Gemisch aus Wasser und Alkohol (70 %igen Isopropanol-Alkohol aus der Apotheke) nach jeweils 5 Minuten befeuchtet, werden die Strukturen, die sich während der Fixierung bilden, ausgeprägter. Wird der Stoff nach jeweils 5 Minuten gewendet und etwas geknetet, vermischen sich die aufgetragenen Farben stärker miteinander.

Stoffbemalung (auch für Wolle geeignet)

Für die klassische Seidenmalerei wird die Seide (oder Wolle) auf einen Seidenmalrahmen gespannt und dann bemalt. Wird der Stoff vor der Bemalung angefeuchtet, laufen die verschiedenen Seidenmalfarbtöne stärker ineinander und es entstehen weichere Farbübergänge. Interessante Effekte lassen sich durch Salzkristalle erzielen, die in die Farblösung auf den Stoff gestreut werden; im Laufe der Zeit ziehen sie die Farbe an und es entstehen konturierte Strukturen.
Will man den Farbfluss auf ein bestimmtes Gebiet begrenzen, werden mit Hilfe von Gutta Trennlinien aufgetragen (siehe Abbildung auf Seite 38). Der Handel bietet hierzu bereits mit Gutta bedruckte Tücher an, die dann nur noch ausgemalt werden müssen.
Nachdem die Seidenmalfarbe getrocknet ist, wird der Stoff vom Rahmen genommen und dampffixiert.

Verschiedene Stoffe für die Färbung mit Seidenmalfarben: Wolle (Etamine de laine), Seide und Seidensamt

Färbung von Seidensamt

Seidensamt setzt sich aus zwei unterschiedlichen Gewebearten zusammen. Das Grundgewebe besteht aus reiner Seide und der Flor aus Viskose (= Zellulose).
Neben glattem Samt ist eine große Auswahl von Dévoré-(= Ausbrenner)-Samt erhältlich. Bei dieser Samtart wird durch ein Druckverfahren mit speziellen Chemikalien örtlich ein Teil des Flors entfernt

(aufgelöst). Dabei entstehen Partien, bei denen nur noch das dünne Seidengrundgewebe sichtbar ist, und Partien, bei denen das Gewebe komplett erhalten bleibt.
Bei Satin-Dévoré besteht das Grundgewebe ebenfalls aus reiner Seide, jedoch ist die Musterung aus Viscose-Satin eingewebt.
Für die Färbung lässt sich dieser Materialaufbau nutzen, indem man die beiden Gewebearten mit unterschiedlichen Farbstoffen färbt. Auf diese Weise erzielt man eine farbliche Trennung von Grundgewebe und Flor: Die Färbung des Seidenanteils erfolgt mit dampffixierbarer Seidenmalfarbe (Farbstoff für Proteinfasern), die Färbung des Flors mit Reaktivfarbstoffen wie SIMPLICOL-Flüssig oder PROCION MX (Farbstoff für Zellulosefasern).
Bei der Auswahl der Farbtöne muss berücksichtigt werden, dass beim Färben der einen Faser (z.B. der Seide) die andere Faser (z.B. die Viskose) ebenfalls leicht mit angefärbt wird. Damit ist es kaum möglich mit dem Zweistufenverfahren nur auf einem Anteil des Dévoré-Samtes z.B. ein klares Gelb zu erzielen, wenn der andere Anteil in einer dunkleren Farbe gefärbt wird. Tendenziell erscheint der Flor, durch die diffuse Lichtbrechung auf dem Samtgewebe, immer heller. Darum ist es sinnvoll, den Seidenanteil dunkler und den Samtanteil heller zu färben. Um das besonders zarte Grundgewebe des Dévoré-Samtes nicht zu sehr einer mechanischen Beanspruchung auszusetzen, ist das Färben im Kochtopf der Waschmaschine vorzuziehen. Die nachfolgenden Rezepte sind für ein Tuch von 90 cm x 90 cm oder einen Schal ausgelegt.

Färbung des Seidenanteils

Unifärbung von Seidensamt im Kochtopf

1. ca. 2 Liter Wasser mit einem Schuss Haushaltsessig und 40 ml Seidenmalfarbe in einen großen Topf geben
2. angefeuchtete Seide hinzugeben
3. Farbbad ca. 15 Minuten köcheln lassen; dabei den Stoff bewegen, um eine gleichmäßige Färbung zu erreichen; durch das Kochen in essigsaurer Flotte wird der Farbstoff fixiert
4. Stoff aus dem Topf nehmen und den Farbüberschuss auswaschen

Multicoloreffekte auf Seidensamt

1. Seidensamt anfeuchten
2. mit verschiedenen Seidenmalfarben bemalen
3. nach dem Trocknen dampffixieren

Der Seidenanteil eines Dévoréschals wurde mit schwarzer Seidenmalfarbe gefärbt.

Der Viskoseanteil eines Dévoréschals wurde mit PROCION MX gefärbt

Soll der Flor ebenfalls gefärbt werden, ggf. in einer anderen Farbe, dann arbeitet man wie folgt:

Färbung des Viskose-Anteils

Die Färbung der Zellulosefaser Viskose erfolgt im alkalischen Milieu mit einem Reaktivfarbstoff. Dabei muss darauf geachtet werden, dass der pH-Wert des Farbbades nicht zu alkalisch ist, da sonst die Seide geschädigt wird. Nach dem Färben und Auswaschen sollte dem letzten Spülwasser immer ein Schuss Essig zugegeben werden, um das Alkali zu neutralisieren.

Unifärbung des Viskoseanteils von Seidensamt im Kochtopf (mit SIMPLICOL-Flüssig 60 °C)

1. ca. 2 Liter Wasser mit 30 g Echtfix-Granulat (= 1 gehäufter EL) und 1 EL Salz zum Kochen bringen
2. 50 ml Farbstofflösung hinzugeben und umrühren
3. angefeuchtete Seide hinzugeben
4. Farbbad ca. 15 Minuten auf mittlerer Stufe erhitzen; dabei den Stoff bewegen, um eine gleichmäßige Färbung zu erreichen; durch das Kochen in alkalischer Flotte wird der Farbstoff fixiert
5. Stoff aus dem Topf nehmen und den Farbüberschuss auswaschen

Multicoloreffekte (mit PROCION MX oder SIMPLICOL 30/40 °C)

1. 25 g Soda in 1 Liter heißem Wasser lösen
2. Seidensamt für ca. 10 Minuten darin einweichen
3. in einem Handtuch einrollen und ausdrücken, um überschüssige Feuchtigkeit zu entfernen
4. Seidensamt auf ein entsprechend großes Stück Plastikfolie legen
5. mit einem Pinsel verschiedene Farben auf den Flor aufbringen
6. Stoff zusammen mit der Folie aufrollen
7. bei Raumtemperatur ca. 12 Stunden einwirken lassen
8. Seidensamt entnehmen und überschüssigen Farbstoff auswaschen

Spezielle Färbemethoden

Farbverlauf

Farbverläufe sind eine besonders reizvolle, aber auch sehr anspruchsvolle Variante der Stoffbemalung. Durch die besondere Technik ist es möglich, Übergänge zwischen verschiedenen Farbtönen zu erzeugen. Diese fallen umso weicher aus, je ähnlicher sich die benachbarten Farben sind.

Farbverlauf auf Seide von Rolando Rasmussen

In der Seidenmalerei wurde diese Technik perfektioniert von Rolando Rasmussen. Seine Farbverläufe erstrecken sich immer von Hell nach Dunkel – entweder innerhalb eines Farbbereiches (z.B. von Hellblau nach Dunkelblau) oder über eine Palette von benachbarten Farben (z.B. von Gelb nach Grün oder etwa von Rosa nach Lila). Seine besondere Art der Coloration lässt sich nicht nur mit dampffixierbaren Seidenmalfarben auf Seide durchführen.

Auch mit Reaktiv-Kaltfärbern auf Baumwolle erhält man hervorragende Ergebnisse. Hier ist jedoch anzumerken, dass weiche Übergänge nicht ganz so leicht zu erzielen sind, da die Baumwolle das Fließverhalten der Farbstofflösung beeinflusst.
Bei einem gemalten Farbverlauf auf Seide muss die Seide nach dem Bemalen trocknen. Die Farben werden anschließend dampffixiert.
Zur Vorbereitung eines Farbverlaufes auf Baumwolle den Stoff mindestens 10 Minuten in einer Sodalösung einweichen (vgl. Rezept im Kapitel Färbung mit Reaktiv-Kaltfärbern, Seite 21). Anschließend bemalen und dann für ca. 12–24 Stunden in einer Plastikfolie verweilen lassen. Danach wie gewohnt auswaschen. Wenn der Farbverlauf auf einem angefeuchteten Stoff angelegt wird, laufen die Farben besser ineinander. Dies ist gerade für Anfänger eine deutliche Erleichterung.
Seide sollte auf einen Rahmen gespannt werden, Baumwolle kann direkt auf der Folie liegend bemalt werden.
Hilfreich ist es, für einen Farbverlauf die benötigte Farbstoffmenge in etwa zu kalkulieren. Dabei können folgende Farbstoffmengen angesetzt werden: Für ein Stück Seide von dickerer Qualität in der Größe 90 cm x 90 cm werden ca. 120 ml Farbe benötigt, für ein Stück Baumwolle der Größe 100 cm x 100 cm ca. 200 ml.
Um einen Farbverlauf mit fünf Farbabstufungen zu malen, wird jeder Farbstoff separat in einen Plastikbecher gegeben. Das erste Gefäß enthält die hellste Farbe, das letzte die dunkelste. Die mittleren Gefäße enthalten die Farben dazwischen, von hell bis dunkel sortiert.
Der Farbverlauf wird mit der hellsten Farbe begonnen. Diese wird nur wenige Zentimeter mit einem breiten Pinsel aufgetragen. Dann aus dem zweiten Becher ein wenig Farbe in den ersten gießen. Diese, nun minimal dunklere Farbe, leicht überlappend an den ersten hellen Streifen ansetzen und die Übergänge mit dem Pinsel verreiben. In kleinen Schritten den kompletten Inhalt des zweiten Gefäßes in das erste überführen. Ebenso mit allen weiteren Gefäßen verfahren, wobei die Farblösung immer dem ersten Gefäß zugegeben wird. Alle anderen Becher werden nur zur Anmischung der jeweiligen Farbe benötigt.
Bei dieser Technik lässt sich ein Farbverlauf nur mit Farben herstellen, die im Farbdreieck nebeneinander liegen. Sobald eine Komplementärfarbe hinzukäme, entstünden stark gebrochene Töne. Welche Farben sich eignen, ist dem Kapitel Farblehre (vgl. Seite 12) zu entnehmen.

Farbverlauf auf Baumwolle mit PROCION MX Farben

Farbverdickungen

Wenn Farben mit einem speziellen Mittel verdickt werden, spricht man von Farbverdickungen. Diese kommen dann zum Einsatz, wenn Linien, Schriften oder Ornamente auf den Stoff gemalt oder gestempelt werden sollen. Vorzugsweise sollten dabei dunklere Farbtöne gewählt werden, damit der gewünschte Effekt auch deutlich sichtbar wird. Verdicken lassen sich sowohl Reaktiv-Kaltfärber (PROCION MX liefert die besten Ergebnisse), dampffixierbare Seidenmalfarben als auch Bügelfarben. Die Auswahl der Farbstoffe, die Wahl des Verdickungsmittels und des Fixierverfahrens wird in den folgenden Ausführungen beschrieben.

Da der Stoff durch den Einsatz von Farbverdickungen relativ fest wird, muss er nach der Fixierung gründlich gewaschen werden. Es ist empfehlenswert, den Stoff vor der Wäsche in kaltem Wasser einzuweichen. Feste Stoffe, wie Baumwolle oder Leinen, können dabei mit einer Nagelbürste bearbeitet werden. Bei empfindlichen Stoffen, wie Seide oder leichten Wollstoffen, ist von diesem Verfahren abzuraten, da durch die Nagelbürste Spuren zurückbleiben können. Anschließend den Stoff bei 40°C mit einem Feinwaschmittel in der Maschine waschen.

Für die Rückseite des Herzquilts (siehe Seite 13) wurde der Stoff zuerst mit PROCION MX Farben bemalt und dann mit verdickter Farbe überarbeitet

Der Auftrag der Farbverdickung kann mit verschiedenen Techniken erfolgen:

1. als Linie mit einer Gutta-Flasche, wie sie aus der Seidenmalerei bekannt ist
2. mit einer Schaumstoffrolle oder mit einem Schwämmchen über einen in Falten drapierten Stoff rollen oder tupfen, Stoff glatt ziehen – fertig ist das Muster
3. mit Hilfe eines Moosgummistempels: dabei den Stempel mit Farbpaste einstreichen und auf den Stoff drücken (vgl. auch Stempeln im Kapitel Stoffmalfarben, Seite 73)
4. mit der sogenannten Monotypie: die Farbverdickung wird gleichmäßig dünn auf einer Platte verteilt; mittels Kamm, Zahnspachtel, Pappstreifen oder ähnlichen Hilfsmitteln werden Muster im Farbauftrag erzeugt; dann den trockenen Stoff auflegen und so das Muster übertragen

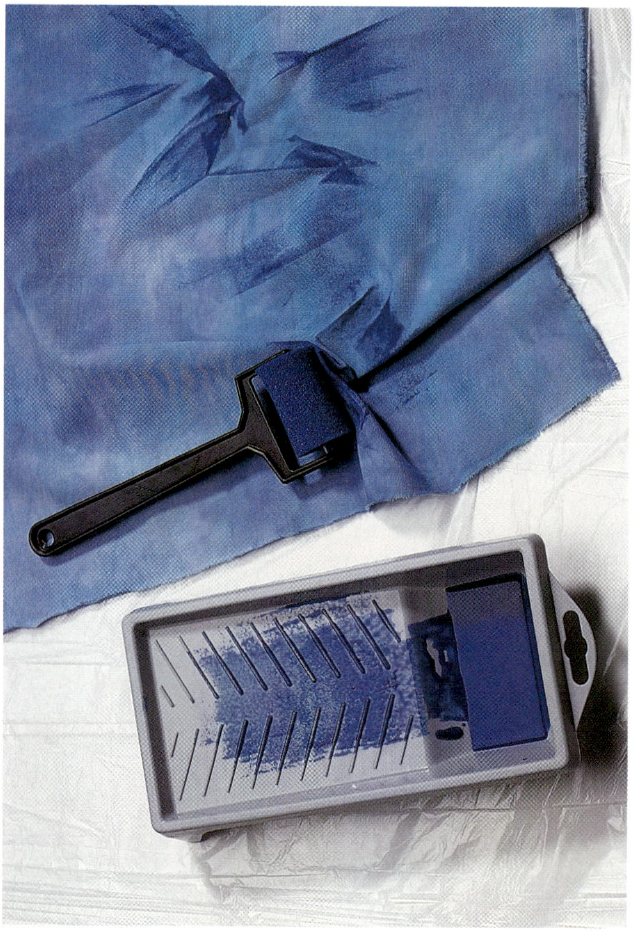

Auftrag der verdickten Farbe mittels einer Walze

Auftrag der verdickten Farbe mit einem Stempel aus Moosgummi

Reaktiv-Kaltfärber

Bei Farbverdickungen mit Reaktiv-Kaltfärbern wird Harnstoff hinzugefügt. Durch diesen Zusatz wird die Reaktionszeit der Farbstoffe verlängert, da die Farbverdickungen länger feucht und damit aktiv bleiben. Wie für Reaktiv-Kaltfärber üblich, wird auch bei Arbeiten mit Farbverdickung ein alkalisches Milieu benötigt. Dieses kann, mittels Soda, auf zweierlei Arten erzeugt werden. Bei Rezept 1 wird der Stoff mit Soda getränkt, bei Rezept 2 das Soda in die Farbverdickung eingebracht.

Rezept 1: Farbverdickung ohne Sodazusatz (aktive Färbezeit ca. 1 Woche)
Der Vorteil dieses Rezepts liegt darin, dass die Verdickung eine längere Lebensdauer hat, der Nachteil ist jedoch, dass der Stoff relativ hart wird und daher schlechter zu verarbeiten ist.

Das brauchen Sie
- ca. 45 ml Farbstofflösung
- 1 TSP (= 5 ml) Alginat dazugeben und umrühren, mindestens 6 Stunden, besser über Nacht, quellen lassen, dabei anfangs häufiger umrühren
- 1 TSP (= 5 ml) Harnstoff (= Urea) mit
- 1 TSP (= 5 ml) heißem Wasser auflösen, zur Farbverdickung geben und umrühren

Farbverdickung ohne Soda
1. Stoff für ca. 10 Minuten in Soda-Lösung einweichen
2. Stoff trocknen lassen
3. Farbverdickung auftragen
4. 2–3 Tage ruhen lassen; damit erfolgt bereits die Fixierung
5. waschen

Rezept 2: Farbverdickung mit Sodazusatz (aktive Färbezeit maximal 4 Stunden)

Der Vorteil dieses Rezepts besteht darin, dass der Stoff weich bleibt und sich gut verarbeiten lässt. Der Nachteil ist, dass der Farbverdicker nur innerhalb einer sehr kurzen Zeitspanne färbt.

Das brauchen Sie
- ca. 45 ml Farbstofflösung
- 1 TSP (= 5 ml) Alginat dazugeben und umrühren, mindestens 6 Stunden, besser über Nacht, quellen lassen, dabei anfangs häufiger umrühren
- 1 TSP (= 5 ml) Harnstoff (= Urea) mit
- 1 TSP (= 5 ml) heißem Wasser auflösen, zur Farbverdickung geben und umrühren
- 1/4 TSP (= 1,25 ml) Soda und
- 1 TSP (= 5 ml) Backpulver mit 5 ml heißem Wasser auflösen, zur Farbverdickung geben und umrühren

Farbverdickung mit Soda
1. Farbverdickung auftragen
2. 2–3 Tage ruhen lassen, damit erfolgt bereits die Fixierung
3. waschen

Dampffixierbare Seidenmalfarben

Jeder Hersteller von Seidenmalfarben hat auch den entsprechenden Farbverdicker im Programm. Diese Verdicker sind auf Zellulosebasis hergestellt und wasserlöslich. Die flüssige Seidenmalfarbe wird mit dem Farbverdicker gut verrührt. Als Faustregel gilt: auf 2 Teile Verdicker kommt 1 Teil Seidenmalfarbe. Je nach Hersteller kann der Anteil der Seidenmalfarbe evtl. etwas höher angesetzt werden; genauen Aufschluss gibt hier die Packungsinformation. Nach dem Auftragen die Farbverdickung sehr gut trocknen lassen; dieser Prozess kann unter Umständen bis zu 2 Tagen dauern. Anschließend den Stoff dampffixieren.

Bügelfarben

Bei der Auswahl der Verdicker für Bügelfarben muss unbedingt darauf geachtet werden, dass diese für die Bügelfixierung geeignet sind. Ansonsten können beim Bügeln bräunliche Verfärbungen im Stoff entstehen, die sich nur schwer oder gar nicht entfernen lassen. Die Verdicker werden mit der Bügelfarbe ungefähr im Verhältnis 1:1 verrührt. Nach dem Auftragen die Farbverdickung sehr gut trocknen lassen. Die Fixierung erfolgt durch Bügeln; dabei die Angaben des Herstellers berücksichtigen.

Diese Monotypie auf Seide wurde mit verdickter schwarzer Seidenmalfarbe erzielt. Anschließend wurde ein Teil der Flächen mit roter Farbe ausgefüllt

Verschiedene mechanische Reservierungstechniken auf Seide

Reservierungstechniken

Unter Reservierung ist der partielle Schutz des Stoffes vor Einfärbung zu verstehen. Bei diesem Verfahren werden Stoffe auf unterschiedliche Art und Weise reserviert und erst dann gefärbt. Nach Entfernung der Reserve zeigt sich das fertige Muster. Die Reservierung kann man auf zweierlei Arten erreichen: Entweder als mechanische Reservierung, bei der mit Garn und/oder Pressdruck gearbeitet wird oder durch einen Materialauftrag wie Wachs oder sogenannten Reservepapp (Blaudruck). Grundsätzlich lassen sich alle Reservierungstechniken sowohl auf Proteinfasern (z.B. Seide) als auch auf Zellulosefasern (z.B. Baumwolle) anwenden. Auch hier gilt, dass nur zur Faser passende Farbstoffe den gewünschten Effekt bringen; daher für Zellulosefasern Reaktivfarbstoffe und für Proteinfasern Seidenmalfarben verwenden. Eine Ausnahme bilden die PROCION MX-Farben, die als Reaktivfarbstoffe auch in der Lage sind, Seide zu färben. Die Farbintensität ist auf Seide jedoch geringer als auf Baumwolle. Die Art der Fixierung richtet sich nach dem verwendeten Farbstoff.

Viele Reservierungstechniken haben eine sehr lange Tradition. Häufig sind sie japanischen oder indonesischen Ursprungs. In früherer Zeit, vor Erfindung der synthetischen Farbstoffe, war Indigo der meistverwendete Farbstoff. Daher zeigen alte Reserve-Muster häufig eine blau-weiße Optik.

Nachfolgend werden die gängigsten Reservierungstechniken kurz erläutert. Zu vielen dieser Themen gibt es umfangreiche Fachliteratur, auf die an dieser Stelle verwiesen wird.

Mechanische Reservierungstechniken

Ikat

Mit dem indonesischen Ikat bezeichnet man ein Gewebe, das mittels so spezieller Techniken hergestellt wird, dass dies für den Hobbybereich kaum Anwendung findet. Hierbei werden bestimmte Garnpartien durch Abbinden reserviert. Erst nach der Färbung werden die Garne je nach dem gewünschten Muster nach unterschiedlichen Bindungsarten zu Stoffen verwebt. Es entsteht das typische Bild eines Ikat-Stoffes, bei dem die Musterübergänge fließend sind.

Plangi

Beim indonesischen Plangi erfolgt die Reservierung immer durch Abbinden bestimmter Stoffpartien. Als Garn empfiehlt sich kräftiges, reißfestes Nähgarn, Baumwollkettgarn oder auch Topflappengarn, wobei die Stärke des Garns die Reservierung beeinflusst. Das Abbinden kann auf verschiedene Art und Weise erfolgen, indem

- kleine Gegenstände wie Perlen, Glasmurmeln oder Kieselsteine mit abgebunden werden
- Stoff in Ziehharmonika-Falten gelegt und dann mit Garn umwickelt wird
- einzelne Stoffzipfel hochgenommen und umwickelt werden.

Stoffe nach verschiedenen Methoden abgebunden

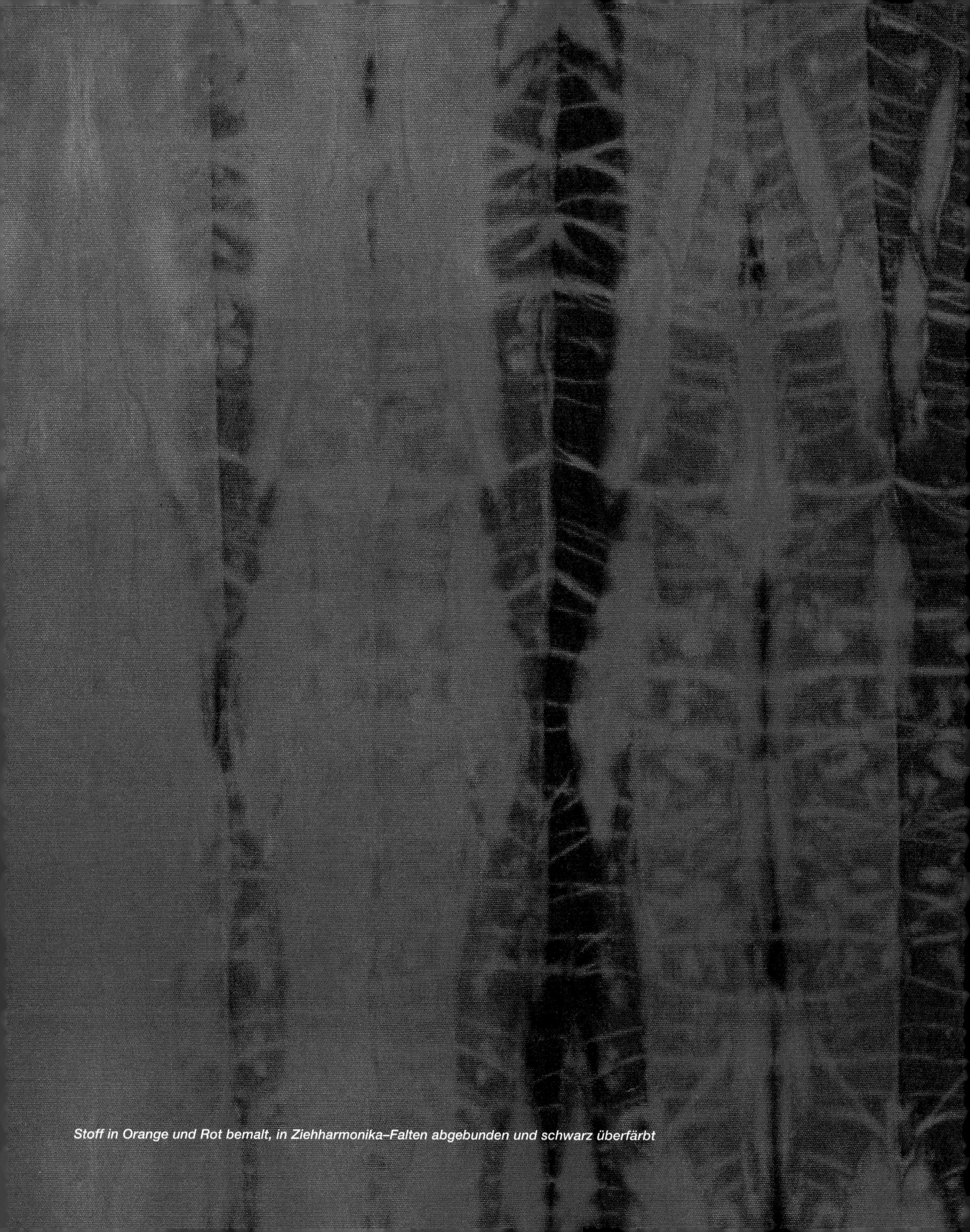

Stoff in Orange und Rot bemalt, in Ziehharmonika-Falten abgebunden und schwarz überfärbt

Tritik

Tritik ist ebenfalls indonesischen Ursprungs. Die Reservierung beim Tritik erfolgt immer durch Nähen – per Hand oder mit der Nähmaschine. Auch hier gibt es wieder verschiedene Möglichkeiten:

1. Reißfestes (!) Garn auf einer Linie (als Gerade, Kurve oder Kreis) durch den Stoff ziehen. Erfolgt dies per Hand, einen Vorstich (Reihstich) verwenden. Bei der Nähmaschine einen großen Nähstich wählen. Durch Anziehen der Fäden entsteht eine Fältelung, die anschließend mit Garn fest abgebunden wird.

2. Stoff in Ziehharmonikafalten legen und parallel oder quer zu den Falten festnähen. Im Nahtbereich wird der Stoff stärker zusammen gepresst, sodass dort weniger Farbstoff eindringt. Für Seide ist dieses Verfahren weniger geeignet, da der Stoff aufgrund des Fließverhaltens der Seidenmalfarbe nicht hinreichend zu reservieren ist.

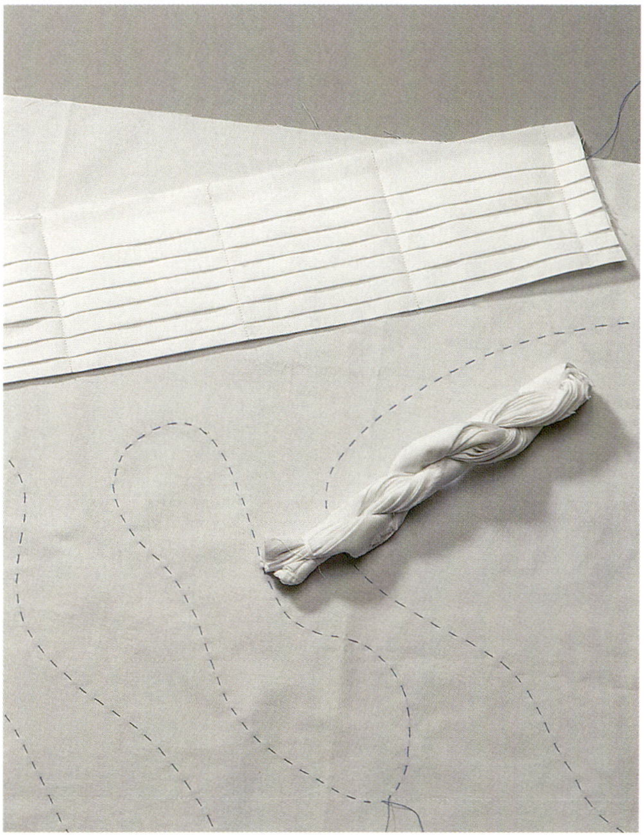

Tritik und Twisten (siehe Seite 61)

Stoff in Gelb und Rot bemalt, mit Tritik und Plangi reserviert und schwarz überfärbt

Shibori
Der Begriff „Shibori“ kommt aus dem Japanischen und bedeutet übersetzt etwa „wringen, drücken, pressen“. Es ist ein Sammelbegriff für unterschiedliche Methoden, den Stoff in seiner Form zu gestalten. Kanoko Shibori entspricht dem indonesischen Plangi. Kawamaki Shibori entspricht dem indonesischen Tritik.

Itagime und Arashi Shibori

Itagime Shibori
Bei diesem Verfahren wird der Stoff zunächst in Ziehharmonikafalten gelegt. Dieses kann parallel oder diagonal zum Fadenlauf erfolgen. Anschließend wird der so entstandene Stoffstreifen als Dreieck- oder Viereckform weiter zusammengelegt. Es entsteht ein Stoffpaket. Um dieses gleichmäßig pressen zu können, legt man das Paket zwischen zwei Brettchen, die mit Alu- oder Plastikfolie vor Farbaufnahme geschützt werden sollten. Danach wird die komplette Einheit fest umwickelt und in ein Farbbad getaucht. Lässt man die Brettchen weg und umwickelt das Stoffpaket direkt, kann mehr Farbe eindringen.

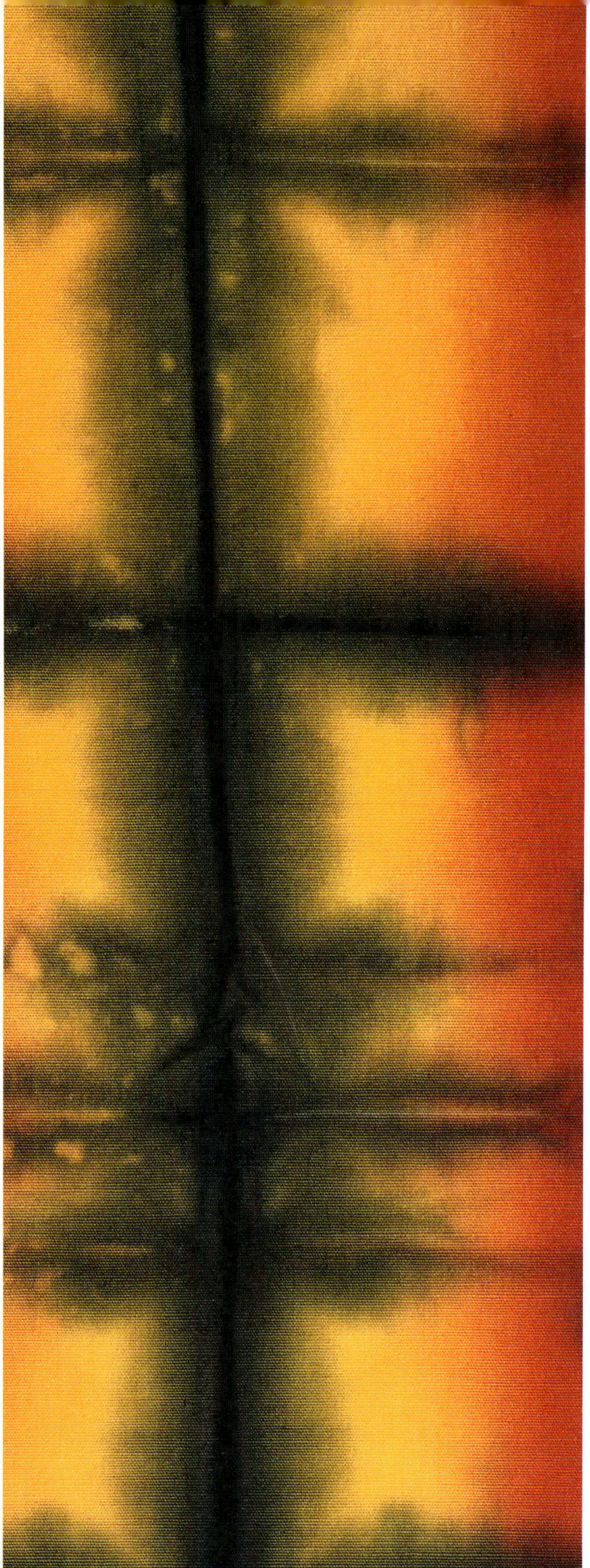

Itagime Shibori: Stoff in Gelb und Rot bemalt, zu einem Päckchen in Viereckform zusammengelegt und abgebunden, schwarz überfärbt

Itagime Shibori: Stoff in Gelb und Rot bemalt, zu einem Päckchen in Dreiecksform zusammengelegt und abgebunden, schwarz überfärbt

Arashi Shibori
Bei dieser Variante wird der Stoff um ein Rohr herum angebracht (siehe Abbildung auf Seite 58). Plastikrohre aus dem Baumarkt können dabei ebenso verwendet werden wie Übertöpfe aus Plastik oder Porzellan. Bei letzteren könnte es jedoch sein, dass sie Farbe annehmen.

Das Anbringen des Stoffes kann auf zwei verschiedene Arten erfolgen:

1. Ein Stück Stoff wird der Länge nach zu einem Tunnel zusammengenäht, anschließend über ein Rohr gezogen und in kleinen Fältchen fest zusammengeschoben. Damit der Stoff nicht verrutscht, ist es sinnvoll, diesen nochmals mit Garn zu umwickeln. Ist die Stoffbreite geringer als der Umfang des Rohres, kann mit einem dazwischen genähten Stück Stoff der Umfang des Tunnels angepasst werden.

2. Eine Spitze des Stoffs wird mit einem Klebestreifen am oberen Rand des Rohres angeklebt; dann das Rohr diagonal umwickeln und dabei mit groben Stichen befestigen. Anschließend den Stoff in kleinen Fältchen fest zusammenschieben, gegebenenfalls wieder mit Garn umwickeln. Dünnere Seidenstoffe können vorher mehrfach zusammengelegt werden, da die Seidenmalfarbe problemlos mehrere Schichten durchdringt. Für Baumwollstoffe ist ein mehrschichtiges Zusammenlegen nicht empfehlenswert, da untenliegende Schichten deutlich schwächer gefärbt werden.

Eine besonders ausgeprägte „borkige“ Struktur erhält man, wenn man den mit Seidenmalfarben bemalten Stoff auf dem Rohr trocknen lässt. In diesem Fall muss die Seide abschließend dampffixiert werden.

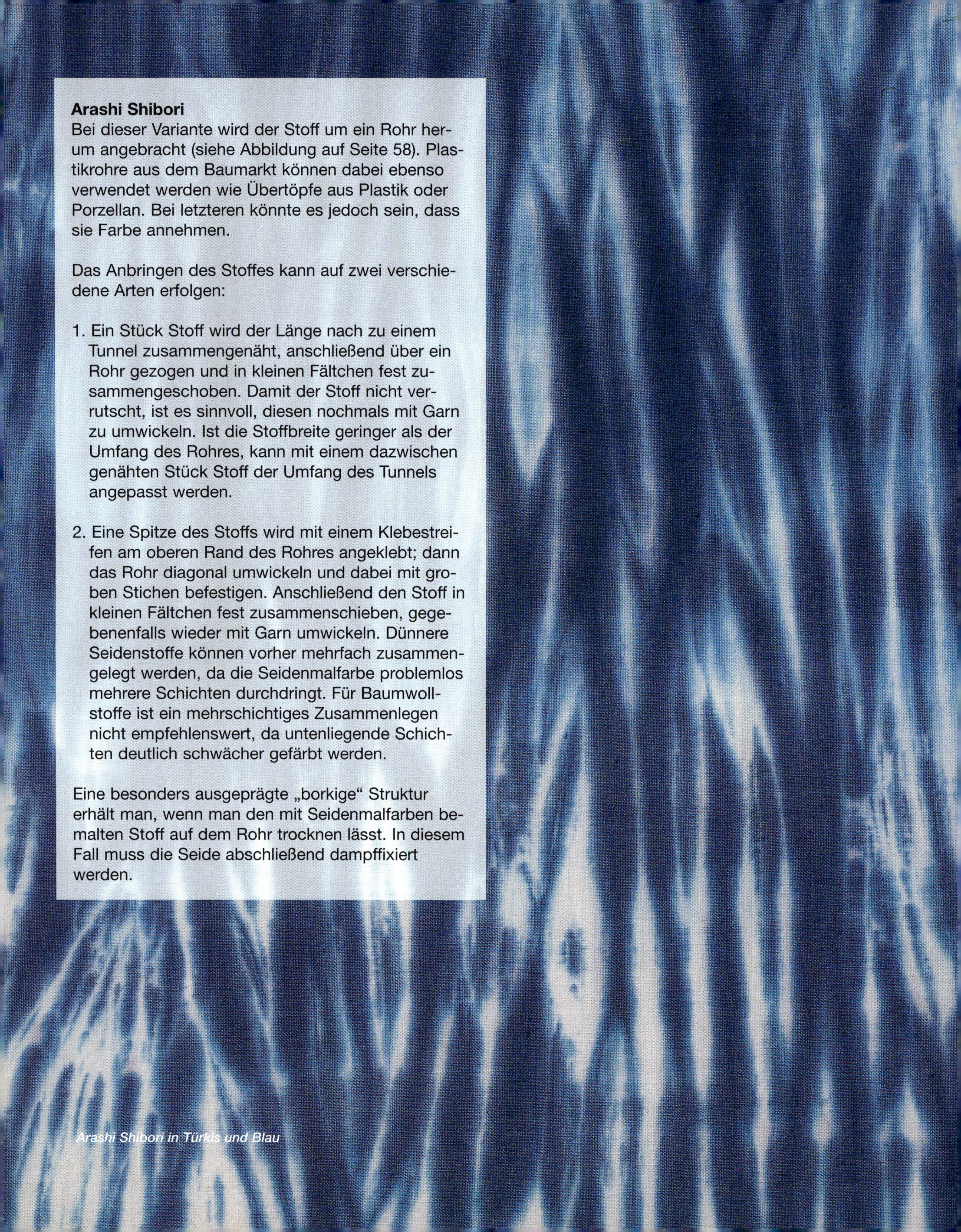

Arashi Shibori in Türkis und Blau

Twisten

Dieses Verfahren ist eine relativ moderne Reservierungstechnik. Dabei wird der Stoff, entweder parallel oder diagonal zum Fadenlauf, in kleine ziehharmonikaförmige Fältchen gelegt. Die beiden Enden des Stoffstrangs werden nun in entgegengesetzter Richtung gedreht. Die so entstandene Kordel kann entweder um ein Holzstück gelegt oder von der Mitte aus ineinander gedreht werden. Anschließend die Form mit Garn sichern. Diese Technik ist besonders für Seidenmalfarben auf Seide geeignet. Wenn man die Seidenmalfarbe vor dem Twisten trocknen lässt, mischen sich die aufgetragenen Farben beim Überkochen weniger, während ein Twisten mit noch feuchten Farben eine starke Vermischung erzeugt. Interessante Effekte lassen sich auch auf Baumwolle erzielen, wenn ein mehrfarbig gestalteter Grund nach dem Twisten mit einer dunkleren Akzentfarbe überzogen wird.

Stoff mit Türkis, Gelb und Grün bemalt, getwistet und mit Dunkelblau überfärbt (PROCION MX)

Färbung bei mechanischen Reservierungstechniken

Baumwolle

Die zu verarbeitenden Stoffqualitäten sollten nicht zu dick ausgewählt werden. Die besten Ergebnisse erzielt man mit leichteren Stoffen, wie Popeline, Batist oder Baumwoll-Musselin. Zu dicke Stoffe lassen sich nur schlecht falten, raffen oder binden. Die Färbung erfolgt mit Reaktivfarbstoffen in alkalischem Milieu.

Reaktiv-Kaltfärber

Hier wird das alkalische Milieu durch eine Sodalösung geschaffen. Das Rezept zur Herstellung der Sodalösung und den Farbansatz, findet sich im Kapitel Färbung mit Reaktiv-Kaltfärbern auf Seite 21 und 24.

Traditionelle Reservierungen auf weißem Grund

1. Reservierung anbringen, je nach gewünschter Methode
2. Stoff 10 Minuten in Sodalösung einweichen
3. Stoff in ein Handtuch einrollen und ausdrücken, um überschüssige Feuchtigkeit zu entfernen
4. gewünschte Farbstofflösung aufbringen; erfolgt der Auftrag mit einem Pinsel, erhält man eine Oberflächenfärbung; mit einer Spritzflasche dringt die Farbstofflösung tiefer in die Reservierung ein
5. nach dem Farbauftrag den Stoff in einen Plastikbeutel geben und ca. 12 Stunden einwirken lassen
6. Reservierung entfernen und den Stoff waschen

Varianten mit mehrfarbigem Grund

1. Stoff 10 Minuten in der Sodalösung einweichen
2. Stoff gut auswringen, in ein Handtuch einrollen und ausdrücken, um überschüssige Feuchtigkeit zu entfernen
3. eine oder mehrere nicht zu dunkle Farbstofflösungen mit einem Pinsel aufbringen; wird der Stoff im feuchten Zustand zusammengerafft, mischen sich die aufgetragenen Farbstofflösungen zum Teil untereinander; nicht zu nass arbeiten, da sonst die Farbstofflösungen sehr stark verlaufen
4. direkt anschließend die Reservierung anbringen (Handschuhe tragen)
5. dunklere Akzentfarbe auftragen; damit erzielt man einen optischen Zusammenhalt mit dem mehrfarbigen Grund

Reaktiv-Heißfärber

Bei diesen Farbstoffen muss der reservierte Stoff zusammen mit der Farbstofflösung und der Fixierlösung (=Natrium-Carbonat) erhitzt werden, um eine ausreichende Fixierung des Farbstoffs in der Faser zu gewährleisten. Nachfolgend sind Rezepte für Reservierungstechniken mit SIMPLICOL 60–95°C beschrieben. Prinzipiell lassen sich diese Verfahren auch mit anderen Reaktiv-Heißfärbern durchführen. Das Rezept für die Herstellung der Fixierlösung findet sich im Kapitel Färbung mit Reaktiv-Heißfärbern (Seite 17).

Reservierungen auf weißem Grund

1. Reservierung anbringen, je nach gewünschter Methode
2. Farbflotte ansetzen aus 1 Liter Fixierlösung und 20–30 ml Farbstofflösung (je nach gewünschter Farbintensität)
3. Stoff ca. 30 Minuten auf mittlerer Stufe heiß halten, möglichst jedoch nicht kochen
4. Reservierung entfernen und den Stoff wie gewohnt waschen

Stoff mit Gelb, Orange und Rot bemalt, getwistet und mit Schwarz überfärbt (SIMPLICOL-Flüssig 60–95°)

Reservierung auf mehrfarbigem Grund

1. Stoff 10 Minuten in Fixierlösung einweichen
2. Stoff gut auswringen und eventuell in ein Handtuch einrollen und ausdrücken, um überschüssige Feuchtigkeit zu entfernen
3. eine oder mehrere, nicht zu dunkle Farben mit einem Pinsel aufbringen; wird der Stoff in feuchtem Zustand zusammengerafft, mischen sich die aufgetragenen Farben zum Teil: nicht zu nass arbeiten, da sonst die Farben sehr stark verlaufen
4. die Reservierung anbringen (Handschuhe tragen)
5. Farbflotte ansetzen aus 1 Liter Fixierlösung und 20–30 ml Farbstofflösung (je nach gewünschter Farbintensität)
6. Stoff ca. 30 Minuten auf mittlerer Stufe heiß halten, möglichst jedoch nicht kochen
7. Reservierung entfernen und den Stoff wie gewohnt waschen

Seide

Die Färbung der Seide lässt sich sowohl mit dampffixierbaren Seidenmalfarben als auch mit PROCION MX-Reaktivfarbstoffen durchführen. Die Lösungen, in denen die Farbstoffe gelöst werden, haben Einfluss auf das Fließverhalten der Farbstofflösung. Seidenmalfarben dringen stärker in die Reservierung ein und mischen sich bei mehrfarbigen Arbeiten stärker untereinander. Reaktivfarbstoffe dringen nicht so stark in die Reservierung ein. Sie fallen bei Seide weniger intensiv aus.

Zum Färben von Seide mit Reaktivfarbstoffen wird das Material mit einer Lösung aus Wasser und einem Schuss Haushaltsessig befeuchtet. Hierbei wird ohne Alkali gearbeitet (vgl. Kapitel Färbung von Proteinfasern, Seite 9). Die besten Ergebnisse mit Reaktivfarbstoffen erzielt man, wenn die noch feuchte Seide im Wasserdampf erhitzt wird. Generell wird bei Seide zur Fixierung der Farbstoffe Hitze benötigt.

Dampffixierbare Seidenmalfarben

Reservierung auf weißem Grund mit einer Farbe

1. gewünschte Reservierung anbringen
2. Seide in Wasser tauchen, dem ein Schuss Haushaltsessig zugefügt wurde
3. in ein Handtuch einrollen und ausdrücken, um überschüssige Feuchtigkeit zu entfernen
4. 15 Minuten im Farbbad kochen; für ein normales Tuch reichen 500 ml Wasser mit 1 Schuss Haushaltsessig und 15 ml Seidenmalfarbe
5. Stoff auswaschen und Reservierung entfernen

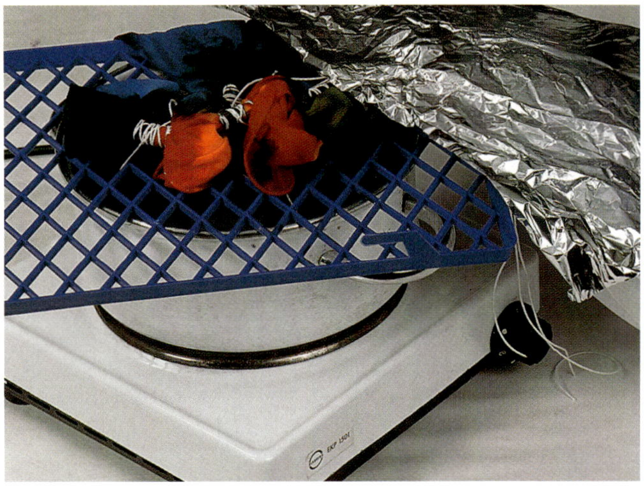

Die reservierte und bemalte Seide wird über Dampf erhitzt

Reservierung auf weißem Grund mit mehreren Farben; Fixierung über Dampf

1. gewünschte Reservierung anbringen
2. Seide in Wasser tauchen, dem ein Schuss Haushaltsessig zugefügt wurde
3. in ein Handtuch einrollen und ausdrücken, um überschüssige Feuchtigkeit zu entfernen
4. Farben mit einem Pinsel auftragen
5. Anschließend über Dampf fixieren.
   Dazu Wasser in einen Topf geben; entweder ein Sieb über die Wasseroberfläche hängen oder ein Plastikgitter vom Malergeschäft über den Topf legen. Seide darauflegen, alles mit Alufolie abdecken und ca. 20 Minuten über kochendem Wasser dämpfen
6. Reservierung entfernen
7. wie gewohnt auswaschen

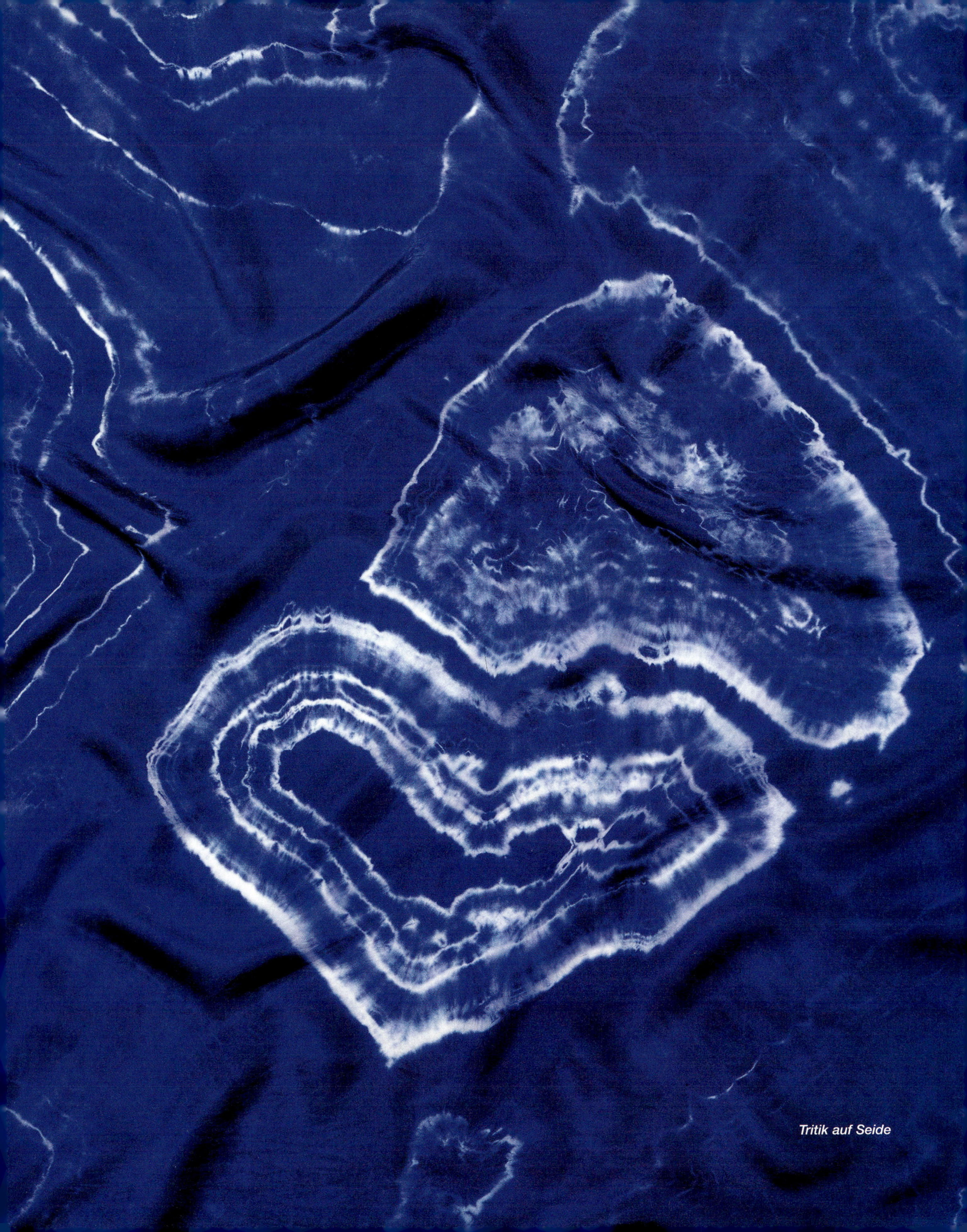

Tritik auf Seide

Reservierung auf weißem Grund mit mehreren Farben; mit Dampffixierung

1. gewünschte Reservierung anbringen
2. Farben mit einem Pinsel auftragen
3. Stoff lufttrocknen lassen
4. Reservierung entfernen
5. traditionell dampffixieren
6. wie gewohnt auswaschen

Reservierung auf farbigem Grund mit einer dunklen Akzentfarbe

1. auf der Seide eine oder mehrere, nicht zu dunkle Farben auftragen
2. Stoff zusammenraffen. In feuchtem Zustand mischen sich die Farben stark untereinander, in getrocknetem Zustand erfolgt eine deutlich geringere Mischung
3. Reservierung anbringen
4. 15 Minuten im Farbbad kochen; für ein normales Tuch reichen 500 ml Wasser mit 1 Schuss Haushaltsessig und 15 ml dunklere Seidenmalfarbe
5. Reservierung entfernen
6. wie gewohnt auswaschen
7. durch die dunklere Akzentfarbe im Farbbad erzielt man einen optischen Zusammenhalt zum mehrfarbigen Grund

Reservierung auf mehrfarbigem Grund ohne dunkle Akzentfarbe

Arbeitsweise wie mit Akzentfarbe, jedoch können auch dunklere Farben verwendet werden. Den Stoff nicht in der Farbflotte, sondern im Wasser kochen. Durch das Kochen im Wasser lösen sich die aufgetragenen Seidenmalfarben zum Teil wieder an, mischen sich untereinander und geben so interessante, neue Mischtöne.

PROCION MX

Reservierung auf weißem Grund

1. Reservierung anbringen, je nach gewünschter Methode
2. Seide in Wasser tauchen, dem ein Schuss Haushaltsessig zugefügt wurde
3. in ein Handtuch einrollen und ausdrücken, um überschüssige Feuchtigkeit zu entfernen
4. gewünschte Farbe(n) aufbringen: erfolgt der Auftrag mit einem Pinsel, bleibt die Farbe mehr an der Oberfläche; mit einer Spritzflasche ist es möglich, die Farbe tiefer in die Reservierung einzubringen
5. Anschließend über Dampf fixieren; dazu Wasser in einen Topf geben und ein Sieb oder Gitter über die Wasseroberfläche hängen; Seide darauflegen, alles mit Alufolie abdecken und ca. 20 Minuten über kochendem Wasser dämpfen
6. Reservierung entfernen und den Stoff wie gewohnt waschen

Varianten mit mehrfarbigem Grund

1. Stoff mit einer Lösung aus Wasser und einem Schuss Haushaltsessig befeuchten
2. Stoff gut auswringen und in ein Handtuch einrollen, um überschüssige Feuchtigkeit zu entfernen
3. eine oder mehrere nicht zu dunkle Farben mit einem Pinsel aufbringen; wird der Stoff im feuchten Zustand zusammengerafft, mischen sich die aufgetragenen Farben zum Teil untereinander
4. Reservierung anbringen (Handschuhe tragen)
5. dunklere Akzentfarbe auftragen; damit erzielt man einen optischen Zusammenhalt zum mehrfarbigen Grund
6. danach über Dampf fixieren; dazu Wasser in einen Topf geben und ein Sieb oder Gitter über die Wasseroberfläche hängen. Seide darauflegen, alles mit Alufolie abdecken und ca. 20 Minuten über kochendem Wasser dämpfen
7. Reservierung entfernen und den Stoff wie gewohnt waschen

MECHANISCHE RESERVIERUNGSTECHNKEN

			BAUMWOLLE				SEIDE						
		Farbstoff-Sortiment	REAKTIV-KALTFÄRBER		REAKTIV-HEISSFÄRBER		DAMPFFIXIERBARE SEIDENMALFARBEN					PROCION MX	
		Stoffgrund	weiß	mehrfarbig	weiß	mehrfarbig	weiß	weiß		mehrfarbig		weiß	mehrfarbig
		Farbauftrag	eine oder mehrere Farben auftragen	eine Akzentfarbe auftragen	1 Farbe im Färbebad	1 Farbe im Färbebad	1 Farbe im Färbebad	eine oder mehrere Farben auftragen		mit einer Akzentfarbe	ohne Akzentfarbe	eine oder mehrere Farben auftragen	eine Akzentfarbe auftragen
		Fixierung	durch Alkali + Zeit	durch Alkali + Zeit	durch Alkali + Hitze	durch Alkali + Hitze	Kochen im Farbbad	im Sieb über Dampf	Farbenlösung lufttrocknen lassen, dann dampffixieren	Kochen im Farbbad	Kochen im Wasser	im Sieb über Dampf	im Sieb über Dampf
		Zusatz von					Essig	Essig		Essig	Essig	Essig	Essig
Technik	**Beschreibung**	**Variation**											
Plangi / Konoko Shibori	umwickeln, abbinden	kleine rundliche Gegenstände mit abbinden	X		X		X						
		Stoff in Ziehharmonikafalten legen, umwickeln	X	X	X	X	X	X		X		X	X
		Zipfel abbinden	X	X	X	X	X	X		X		X	X
Tritik / Kawamaki Shibori	nähen	Stoff durchnähen, Fäden anziehen, Fältelung umwickeln	X		X		X	X				X	
		Stoff in Z-Falten legen, Falten festnähen	X		X			X				X	
Itajime Shibori	Brettchen-Reservierung	Stoff in Z-Falten legen, im Brettchen festbinden	X	X	X	X	X	X		X		X	X
		Stoff in Z-Falten legen, direkt umwickeln	X	X	X	X	X	X		X		X	X
Arashi Shibori	um ein Rohr	als Tunnel über ein Rohr ziehen, umwickeln	X						X				
		diagonal um ein Rohr herumlegen, umwickeln	X						X				
Twisten	drehen	parallel oder diagonal zum Stoff in Z-Falten legen und drehen	X	X	X	X	X	X		X	X	X	X

Diese Übersicht zeigt mechanische Reservierungstechniken in Abhängigkeit von den verwendeten textilen Materialien und Farbstoffen. Das „x“ in der Übersicht weist auf sinnvolle Kombinationen. Prinzipiell sind auch weitere Möglichkeiten offen, die jedoch nicht unbedingt beste Ergebnisse bringen.

Reservierung durch Materialauftrag

Im Gegensatz zu den bisher beschriebenen Reservierungstechniken, die mit dem Abbinden von Stoffpartien die Reservierung erzeugen, werden bei der Reservierung durch Materialauftrag die zu reservierenden Stellen mit Wachs (Batik) oder sogenanntem Reservepapp (Blaudruck) bedeckt.

Blaudruck

Dieses Verfahren besitzt in Deutschland eine lange Tradition. Die Technik lässt sich nicht ohne weiteres im Hobbybereich durchführen, soll jedoch der Vollständigkeit halber hier mit aufgeführt werden. Beim Blaudruck wird ein sogenannter Reservepapp mit Hilfe von Stempeln auf den Stoff aufgetragen. Nachdem der Papp getrocknet ist, wird der Stoff im Farbbad mit Indigo gefärbt. Durch die Reservierung bildet sich die typische Blaudruckoptik mit weißen Mustern auf blauem Grund.

Batik

Das Wort „Batik“ stammt vom javanesischen „Ambatik” ab, was etwa „tupfen“ oder „tropfen“ bedeutet. Die Reservierung erfolgt durch geschmolzenes Wachs, am besten einer Mischung aus Bienenwachs und Paraffin. Prinzipiell ist diese Technik sowohl für Seide als auch für Baumwolle geeignet. Allerdings sollten leichtere Baumwollqualitäten gewählt werden; bei zu dicken Stoffen ist keine ausreichende Reservierung durch das Wachs gewährleistet.

Zum Bearbeiten wird der Stoff auf einen Seidenmalrahmen gespannt. Das Schmelzen des Wachses erfolgt idealerweise in einem Wachswärmer mit eingebautem Thermostat. Beim Schmelzen in einem alten Topf auf dem Ofen ist Vorsicht geboten, da das Wachs leicht zu heiß wird und sich dann entzünden könnte. Das heiße, geschmolzene Wachs wird immer auf den trockenen Stoff aufgetragen. Der Auftrag selbst kann mit einem Pinsel oder einem Tjanting (= Kännchen, Abbildung auf Seite 70) erfolgen. Nachdem das Wachs erstarrt ist, erfolgt die Färbung. Der Stoff mit dem Wachsauftrag sollte nicht in eine heiße Farbstofflösung gegeben werden, da sonst das Wachs erneut schmelzen könnte.

Die traditionelle Batik ist eine Tauchfärbung. Dabei bricht das Wachs und es entsteht die für eine Batik typische Krakelierung. Bei der sogenannten Mogelbatik wird der Stoff nicht in die Farbstofflösung getaucht, sondern nach dem Wachsauftrag bemalt. Vorteil dieser Technik ist, dass durch das Aufbringen unterschiedlicher Farben an verschiedenen Stellen des Stoffes, viele Gestaltungsvariationen möglich sind. Interessante Effekte können erzielt werden, wenn der Stoff in einem ersten Arbeitsgang pastellartig uni oder mehrfarbig grundiert wird und erst danach der Wachsauftrag erfolgt.
Nach der endgültigen Bemalung und Fixierung wird das Wachs mit Papier ausgebügelt. Gut geeignet ist dazu Makulaturpapier aus dem Tapetenbedarf oder Löschpapier. Vorsicht ist bei Zeitungspapier geboten, da die Druckerschwärze abflecken kann. Anschließend den Stoff wie gewohnt waschen, um die überschüssige Farbe zu entfernen. Die noch verbleibenden Wachsreste werden am besten durch chemisches Reinigen entfernt.

Batiktuch in traditioneller Tauchfärbung von Renate Ridder

Nachfolgend finden sich Anleitungen für Batik auf Seide und Baumwolle:

Batik auf Seide mit dampffixierbaren Seidenmalfarben

1. Seide auf einen Seidenmalrahmen spannen
2. ggf. Seide mit hellen Farben in Pastelltönen bemalen
3. geschmolzenes Wachs auf die trockene Seide auftragen
4. nachdem das Wachs erstarrt ist, die Seide mit kräftigen Farben bemalen; wird die typische Krakelierung gewünscht, die Seide nach dem Wachsauftrag vom Rahmen nehmen und vorsichtig zusammenknüllen; dabei bricht das Wachs an einigen Stellen – hier kann dann der Farbstoff in den reservierten Teil eindringen
5. nach dem Trocknen der Seidenmalfarbe die Seide dampffixieren
6. Wachs ausbügeln
7. ggf. Seide chemisch reinigen lassen
8. Seide wie gewohnt waschen

Achtung!
Mancher Fixierservice erwartet, dass das Wachs vor der Fixierung ausgebügelt wird. Hier ist es sinnvoll, sich vorher zu erkundigen.

Tjanting zum Auftragen des heißen Wachses

Batik auf Baumwolle mit Reaktiv-Kaltfärbern
Zu den Reaktiv-Kaltfärbern gehören PROCION MX und SIMPLICOL-Flüssig 30°. Diese haben bei der Batik den Vorteil, dass sie zur Fixierung keine Hitze benötigen und das Wachs nicht wieder schmilzt, wie dies bei Reaktiv-Heißfärbern der Fall wäre. Sodalösung ist notwendig, um die Fixierung des Farbstoffs an die Faser zu ermöglichen. Das Rezept für die Sodalösung befindet sich im Kapitel Färbung mit Reaktiv-Kaltfärbern auf Seite 21.

Batik auf Baumwolle mit Reaktiv-Kaltfärbern

1. Stoff ca. 10 Minuten in der Sodalösung einweichen und anschließend sehr gut auswringen, in ein Handtuch einrollen und ausdrücken, um überschüssige Feuchtigkeit zu entfernen
2. Stoff auf ein entsprechend großes Stück Plastikfolie legen
3. Stoff mit helleren Farben aquarellartig bemalen
4. Stoff mit der Folie zusammen aufrollen und die Farblösung bei Raumtemperatur ca. 12 Stunden einwirken lassen
5. Stoff entnehmen und waschen
6. Stoff auf einen Seidenmalrahmen spannen
7. geschmolzenes Wachs auf den trockenen Stoff auftragen
8. nachdem das Wachs erstarrt ist, Stoff vom Rahmen nehmen und für ca. 10 Minuten in der Sodalösung einweichen
9. Stoff vorsichtig auswringen und in ein Handtuch einrollen und ausdrücken, um die überschüssige Feuchtigkeit zu entfernen.
   Bei diesem Vorgang entsteht die typische Krakelierung
10. Stoff auf eine Folie legen und mit kräftigen Farben bemalen
11. Stoff mit der Folie zusammen aufrollen
12. die Farblösung bei Raumtemperatur ca. 12 Stunden einwirken lassen
13. Stoff trocknen lassen und anschließend das Wachs ausbügeln
14. Stoff wie gewohnt waschen. Zur Sicherheit sollten Sie das Wachs vor der Wäsche entfernen, da grobe Wachsreste zu Schäden an der Waschmaschine führen könnten.
15. ggf. chemisch reinigen lassen

Wird keine stärkere Krakelierung im Wachsauftrag gewünscht, ist es möglich, auf das Einweichen und das anschließende Auswringen zu verzichten. Dazu wird die Farbstofflösung mit der Sodalösung im Verhältnis 1:1 gemischt und dann direkt auf den Stoff aufgetragen. Dann weiterarbeiten, wie ab Punkt 11 beschrieben. Soll der Wachsauftrag auf weißem Stoff erfolgen, entfallen die Schritte 1–5.

Stoffmalfarben

Bei diesen Farben handelt es sich um pigmenthaltige, wasserverdünnbare Farbmittel, die über ein Haftmittel an die Faser gebunden werden. Die Pigmente dringen dabei nicht, wie bei der echten Textilfärbung, in die Faser ein, sondern werden an der Faseroberfläche fixiert. Die Stoffrückseite wird nicht angefärbt, was charakteristisch ist für das Arbeiten mit Pigmenten.
Das in den Stoffmalfarben enthaltene Haftmittel führt zur Versteifung des Stoffes, deshalb eignen sie sich eher für akzentuierte als für großflächige Bemalungen. Die Fixierung erfolgt in den meisten Fällen durch Bügeln; hierbei sollten im Einzelfall die Packungshinweise des Herstellers berücksichtigt werden.
Stoffmalfarben eignen sich besonders für Baumwolle. Bei Seide sollte die Stoffmalfarbe nur für zarte Akzente eingesetzt werden, um den besonderen Charakter der Seide weitgehend zu erhalten. Auch bei synthetischen Stoffen und Mischgeweben lassen sich häufig gute Ergebnisse erzielen. Dies sollte im Einzelfall, je nach Stoff, zuerst an einem Probestück getestet werden. In wenigen Fällen kann sich nämlich die aufgetragene Farbe wieder vom Stoff lösen.
Wichtig bei allen Stoffen ist gutes Vorwaschen. Eine eventuell noch vorhandene Appretur, die das Färbeergebnis negativ beeinflussen könnte, wird so entfernt. Man unterscheidet, je nach Einsatzzweck, verschiedene Arten von Stoffmalfarben:

Stoffmalfarben für helle Stoffe
Sie eignen sich vorwiegend für das Arbeiten auf hellerem Untergrund und sind gut untereinander mischbar. Aufgrund ihrer dickflüssigeren Konsistenz lassen sie sich mit normalen Pinseln auftragen.

Stoffmalfarben für dunkle Stoffe
Um die notwendige Deckkraft für den dunkleren Untergrund zu erreichen, sind sie sehr pastos und mischen sich daher schwerer untereinander. Der Auftrag erfolgt am besten mit einem etwas festeren Borstenpinsel.

Textilmaler
Textilmaler sind mit Stoffmalfarben gefüllte Filzstifte. Sie eignen sich zum Zeichnen von Linien und Schriften, jedoch nicht für größere Flächen.

Textil-Stempelkissen
Hierbei handelt es sich um Stempelkissen, die mit Stoffmalfarbe getränkt sind. Sie sind besonders komfortabel für das Stempeln auf Stoff.

Techniken mit Stoffmalfarben

Malen
Wenn ein Motiv gemalt werden soll, empfiehlt es sich, die Konturen zuerst mit einem weichen Bleistift oder Phantomstift auf den Stoff zu zeichnen. Wer es noch einfacher möchte, greift auf Bügeltransfers zurück, die im Handel erhältlich sind. Bei diesen Standardmotiven werden die Konturen ganz einfach aufgebügelt. Anschließend kann das Motiv farbig gestaltet werden.

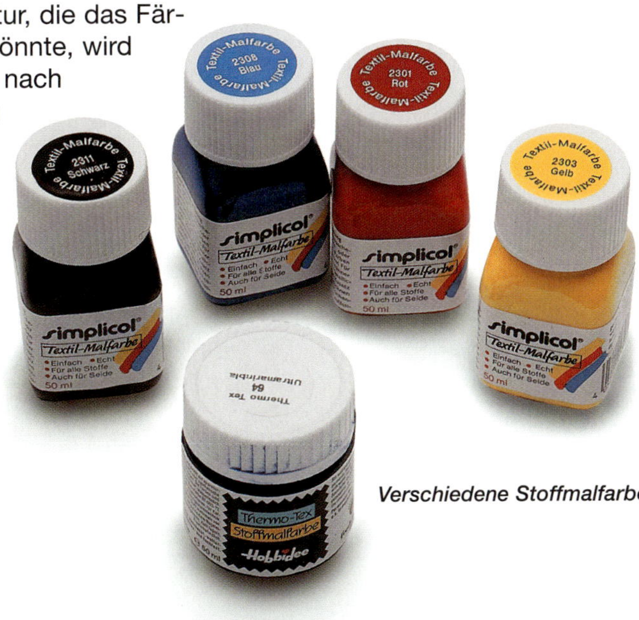

Verschiedene Stoffmalfarben

Schablonieren

Hier erfolgt der Farbauftrag in den freigeschnittenen Stellen der aufgelegten Schablone. Die Schablone selbst kann entweder selbst geschnitten werden, oder aber man bedient sich aus der reichhaltigen Palette der im Handel erhältlichen Fertigschablonen. Damit sich die Schablone auf dem Stoff nicht verschiebt, sollte sie entweder mit einem Klebeband auf den Stoff geklebt oder mit einem speziellen Sprühkleber auf dem Stoff fixiert werden.

Der Auftrag der Farbpaste erfolgt am besten mit einem festen Borstenpinsel oder einem speziellen Schablonierpinsel. Die Farbpaste aufzutupfen ist die sicherste Methode, insbesondere im Bereich der Ränder. Wer dennoch malen will, der sollte vom Rand zum Motiv malen, um scharfe Konturen zu erhalten. Wichtig ist, immer mit einem fast trockenen Pinsel zu arbeiten. Zu nasse Pinsel oder zu dünnflüssige Farbpasten führen oft zu unsauberen Rändern, da die Paste dann unter die Schablone laufen kann. All diese Schabloniertechniken sollten zuerst an einem Probestück ausprobiert werden.

Interessante Effekte werden mit Hilfe von Tüll oder einem Lochmusterband erzielt, wenn mit einer Farbrolle darüber gerollt wird (vgl. auch Kapitel Farbverdickungen, Seite 48).

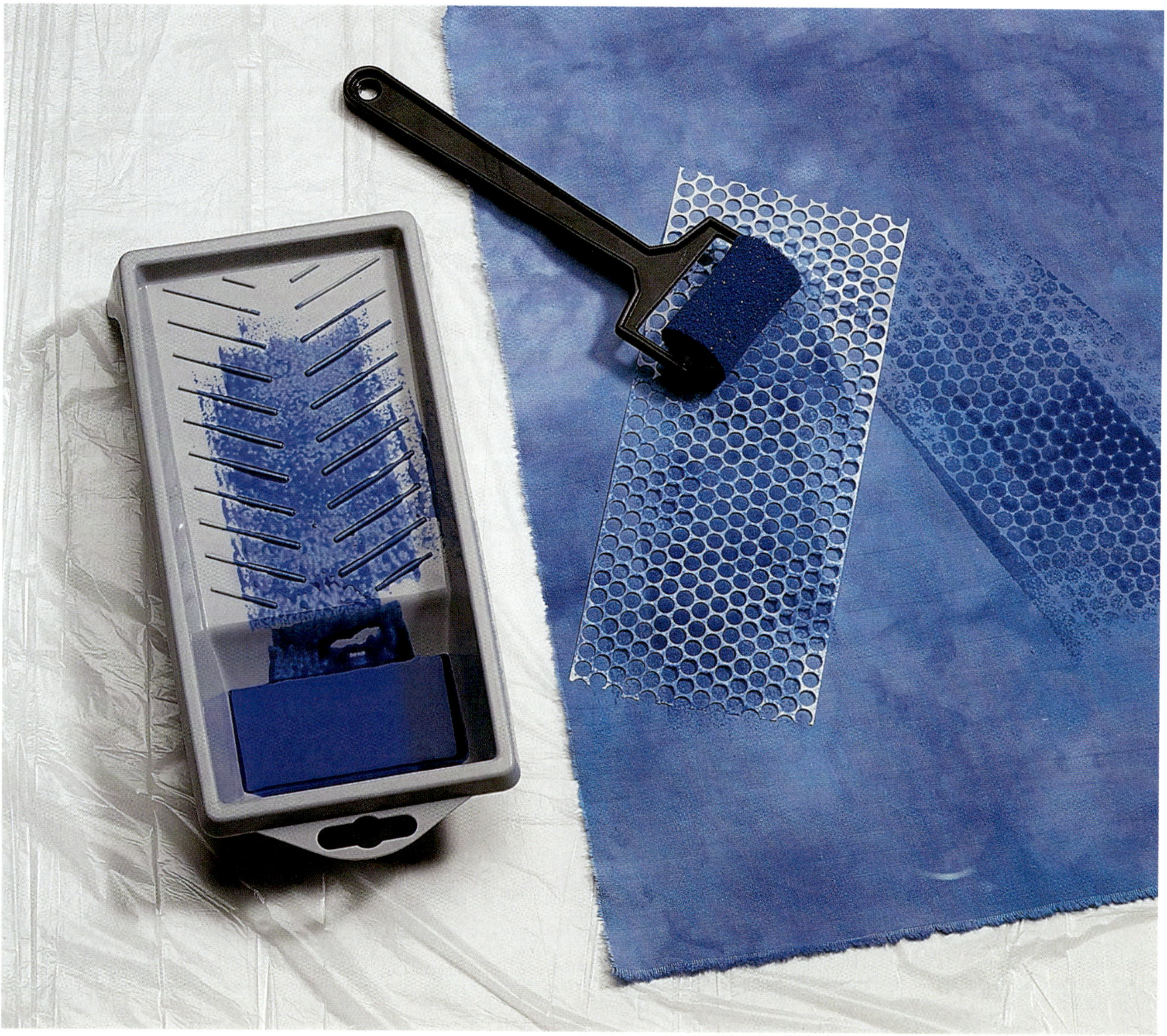

Muster mit Stoffmalfarbe, Walze und Lochband aufgebracht

Stempeln

Dieses Verfahren ist geeignet, kleinere Motive auf den Stoff zu übertragen. Die Stempel selbst gibt es im Handel, der eine reichhaltige Auswahl unterschiedlichster Motive anbietet. Wer es individueller möchte, kann auch aus dickerem Moosgummi sein eigenes Motiv kreieren.

Der Farbauftrag auf den Stempel kann mit einem Stempelkissen für Stoffmalfarbe erfolgen. Vorteil dieses Verfahrens ist, dass die Farbe dosiert aufgebracht wird und das Stempelmotiv nicht so schnell verschmiert. Alternativ kann die Einfärbung des Stempels auch mittels einer kleinen Schaumstoffrolle erfolgen. Auch bei dieser Technik ist es ratsam, zuerst auf einem Probestück ein Gefühl für die Technik zu entwickeln.

Naturfarbstoffe

Naturfarbstoffe werden seit Jahrhunderten zum Färben von Textilien eingesetzt. Erst gegen Ende des 19. Jahrhunderts verloren sie an Bedeutung durch die Erfindung der synthetischen Farbstoffe. Im wesentlichen können mit Naturfarbstoffen weiche, warme Töne gefärbt werden, die allerdings häufig nicht so licht- bzw. waschecht sind wie dies bei synthetischen Farbstoffen der Fall ist. Die meisten Färbungen mit Naturfarbstoffen sind relativ aufwändig. Für detaillierte Beschreibungen wird auf die Fachliteratur verwiesen. Nachfolgend finden sich zwei Rezepte, nach denen auch mit einfachen Mitteln zu Hause gearbeitet werden kann.

Zwiebelfärbung

Als „Rohstoff“ dienen braune Zwiebelschalen, die über längere Zeit gesammelt werden können. Wenn es etwas schneller gehen soll, ist der Supermarkt an der Ecke sicherlich dafür dankbar, wenn ihm das Zwiebelfach ein wenig ‚aufgeräumt' wird. Färbungen mit Zwiebelschalen ergeben rötlich-braune Farbtöne. Mit ca. 200 g Zwiebelschalen kann ca. 500 g Stoff kräftig gefärbt werden.
Aus den Zwiebelschalen wird ein Sud gekocht. Dazu die Zwiebelschalen in einen Topf geben und mit ca. 1 Liter Wasser übergießen. Alles zusammen auf kleiner Stufe ca. 1 Stunde köcheln lassen. Diesen Aufguss zuerst durch ein Sieb, dann durch ein altes Mulltuch gießen; so wird verhindert, dass die Farbstofflösung unerwünschte Partikel enthält, die sich störend auf die Färbung auswirken. Den Stoff in die Waschmaschine geben und 95°C Hauptwäsche starten; wenn der Wasserzulauf stoppt, den Zwiebelsud in das Waschmittelfach gießen. Den kompletten Waschgang durchlaufen lassen, anschließend bei 60°C nachwaschen. Den gefärbten Stoff möglichst nicht mit einem Waschmittel waschen, das optische Aufheller enthält – schonender ist ein Feinwaschmittel.

Zwiebelfärbung auf gemusterten Baumwollstoffen

Teefärbung

Färbungen mit schwarzem Tee ergeben beige bis braune Farbtöne. 100 g schwarzen Tee mit 2 Litern Wasser aufkochen und den Tee 30 Minuten ziehen lassen. Diesen Aufguss zuerst durch ein Sieb, dann durch eine Filtertüte oder ein altes Mulltuch gießen; so wird verhindert, dass die Farbstofflösung unerwünschte Partikel enthält, die sich störend auf die Färbung auswirken.

Die Farbintensität ist nicht allein von der Art, sondern auch von der Menge des Stoffes abhängig. Je nach Webdichte färben sich verschiedene Baumwollstoffe (Batist, Musselin usw.) in unterschiedlicher Farbintensität an. Als Faustregel gilt: bei ca. 500 g Stoff entsteht mit diesem Aufguss eine deutlich sichtbare Färbung. Den Stoff in die Waschmaschine geben. 95°C Hauptwäsche starten; wenn der Wasserzulauf stoppt, den Tee in das Waschmittelfach gießen und mit etwas Wasser nachspülen. Den Waschgang durchlaufen lassen, anschließend bei 60°C nachwaschen. Den gefärbten Stoff möglichst nicht mit einem Waschmittel waschen, das optische Aufheller enthält – schonender ist ein Feinwaschmittel.

Teefärbung auf gemustertem Baumwollstoff

Grundsatzschema für die gebräuchlichsten Textilfärbungen

Welche Faser soll gefärbt werden?	Zellulosefasern	Proteinfasern	Synthetikfasern
Welche Zutaten werden benötigt?	Reaktivfarbstoffe	Seidenmalfarben	Bügelfarben
	Alkalisches Milieu		
	ggf. Salz	ggf. Essig	
Nach welchem Färbeverfahren soll gearbeitet werden?	Tauchfärbung	Tauchfärbung	
	Direktapplikation	Direktapplikation	Direktapplikation
	Reservierungsverfahren	Reservierungsverfahren	
Welches Fixiermedium ist erforderlich?	Reaktiv-Kaltfärber: Einwirkzeit		
	Reaktiv-Heißfärber: Hitze	Hitze	Hitze

Baumwollstoffe in verschiedenen Verfahren mit Reaktivfarben gefärbt und zum Quilt verarbeitet

Shibori auf Baumwolle mit SIMPLICOL-Flüssig 60–95° Textilfarbe

Glossar

Alginat
ist ein Algenprodukt auf Zellulosebasis, das in Pulverform (z.B. bei der Galerie Smend) erhältlich ist. Es quillt nach dem Einrühren in die Farblösung und wirkt somit als Verdicker.

Farbbad
s. Farbflotte

Farbe
ist immer ein optischer Eindruck, also das, was das Auge wahrnimmt, z.B. Gelb, Rot, Blau als reine Farben oder auch als Mischfarben wie Lila, Grün oder Orange.

Farbflotte
enthält Farbstoff, Wasser (oder ein anderes Lösungsmittel), ggf. Salz und je nach dem zu färbenden Textilmaterial Soda (bei Zellulosefasern) oder Essig (bei Proteinfasern).

Farblösung
s. Farbstofflösung

Farbmittel
Oberbegriff für Farbstoff und Pigment

Farbstoff
Als Farbstoff bezeichnet man eine wasserlösliche, natürliche oder synthetische organische Verbindung, mit der Textilien gefärbt werden können (= echte Färbung, bei der der Farbstoff in die Faser eindringt).

Farbstofflösung
Ist Farbstoff in einem Lösungsmittel gelöst, spricht man von Farbstofflösung. Das Lösungsmittel kann, je nach Farbstoffart Wasser, Alkohol oder etwas anderes sein. Per Definition sind auch Seidenmalfarben Farbstofflösungen. Im Hobbybereich hat sich der Begriff Seidenmalfarben durchgesetzt und nicht konsequenterweise Seidenmalfarbstoffe. Deshalb wird der gebräuchliche Begriff in diesem Buch verwendet.

Farbton
s. auch Farbe. Der Begriff Farbton wird oft zur Unterscheidung von verschiedenen Nuancen eines Farbbereiches verwendet, z.B. von unterschiedlichen Rottönen.

Färbung
Damit wird zum einen der Prozess des Färbens von Textilien (Färbeprozess), zum andern auch das am Ende des Färbeprozesses entstandene farbige Textil bezeichnet.

Harnstoff
(lat. Urea) wird bei der Farbverdickung benutzt, um die Reaktionszeit zu verlängern. Die Farbverdickung bleibt länger feucht.

Monotypie
Druckverfahren, das nur einen Abdruck gestattet.

pH-Wert
(lat. pontentia hydrogenii) in der Chemie gebräuchliche Maßzahl für die in Lösungen enthaltene Konzentration von Wasserstoffionen. Der pH-Wert gibt an, wie sauer oder alkalisch eine Lösung ist. Der pH-Wert wird auf einer Skala von 1 bis 14 gemessen:

1 bis 6	=	saurer Bereich
7	=	neutral
8 bis 14	=	alkalischer Bereich

Proteinfasern benötigen zur Färbung ein saures Milieu, Zellulosefasern zur Reaktion mit Reaktivfarbstoffen ein alkalisches Milieu.
Der pH-Wert lässt sich mit Indikatorpapier (Apotheke) messen. Die Farbveränderung des Indikatorpapiers gibt den pH-Wert an. Die Rezepte in diesem Buch sind so angegeben, dass sich die Messung des pH-Wertes erübrigt.

Pigmente
sind wasserunlösliche organische Verbindungen, die mit Hilfe eines Bindemittels an der Faseroberfläche fixiert werden (= Pigmentfärbung).

Proteinfasern
(griech. Protein = Eiweiß) sind aus tierischen Eiweißen aufgebaut. Zu Proteinfasern gehören Wolle und Seide.

Reaktivfarbstoffe
gehen mit der Zellulosefaser eine chemische Bindung ein. Dazu benötigen sie immer Alkali.

Reaktiv-Heißfärber
benötigen zur chemischen Reaktion sowohl ein Alkali als auch Hitze.

Reaktiv-Kaltfärber
benötigen zur chemischen Reaktion Alkali und eine gewisse Einwirkzeit bei Zimmertemperatur.

Soda
(= Waschsoda = Natrium-Carbonat = Na2CO3) ist ein Alkali, das den pH-Wert der Farbstofflösung erhöht, so dass die chemische Reaktion zwischen Reaktivfarbstoff und Zellulosefaser ablaufen kann. Soda gelöst in Wasser bezeichnet man als Sodalösung.

Zellulosefasern
Zellulose ist der Hauptbestandteil von pflanzlichen Zellwänden. Zellulosefasern bezeichnen Fasern pflanzlichen Ursprungs. Dazu gehören u.a. Baumwolle, Leinen, Jute. In der Baumwolle liegt Zellulose in besonders reiner Form vor.

Ergänzende Literatur

Bühler, Alfred	**Ikat Batik Plangi** Pharos Verlag Hansrudolf Schwabe AG, Basel, 1972
Buffington, Adriene	**Hand-Dyed Fabric Made Easy**, That Patchwork Place, Bothell WA, 1996
Itten, Johannes	**Kunst der Farbe** Ravensburger Buchverlag, 1987
Johnston, Ann	**Dye Painting** American Quilter's Society, Paducah Kentucky, 1992
Johnston, Ann	**Color By Accident** Lake Oswego, OR, 1997
Küppers, Harald	**Das Grundgesetz der Farblehre**, DuMont Buchverlag, Köln, 8. Auflage 1978
Milner, Ann	**Handbuch der Färbetechniken** Verlag Paul Haupt, Bern-Stuttgart-Wien, 1994
Möller, Elfriede	**Shibori – Seide färben in japanischer Tradition** Augustus Verlag, München, 1998

Wellejus, Grethe — **Shibori – Reservierungstechniken**
Verlag Tommeliden,
Dänemark, 2. Auflage 1989

Wells, Kate — **Textilien Färben und Bedrucken**
Verlag Paul Haupt,
Bern-Stuttgart-Wien, 1998

Bezugsquellen

Galerie Smend
Mainzer Str. 31
D - 50678 Köln
Tel.: 0221 / 31 20 47
PROCION MX-Farben, Alginat, Seidenstoffe, ml-Pipetten
umfangreiches Kursangebot (Shibori, Colorieren mit Rolando Rasmussen, Färben mit Reaktivfarben)

Quilt & Art
Elke Krusemark-Camin
Gerhart-Hauptmann-Str. 30–32
D - 63165 Mühlheim am Main
Tel.: 06108 / 7 30 60
PROCION MX-Farben, Patchworkzubehör

Gabi Tisch
In der Lache 18
D - 67308 Zellertal
Tel.: 06355/2134
PROCION MX-Farben, Färbekurse

Spinnrad GmbH (Zentrale)
Am Luftschacht 3 a
D - 45886 Gelsenkirchen
Reagenzgläser und Messgefäße mit ml-Einteilung

Hinweis

SIMPLICOL und SIMPLICOL-Flüssig sind eingetragene Warenzeichen der Firma Brauns-Heitmann, Warburg.
PROCION MX ist ein eingetragenes Warenzeichen der Firma BASF AG, Ludwigshafen.

Impressum

Die Deutsche Bibliothek - CIP-Einheitsaufnahme
Ein Titeldatensatz für diese Publikation ist bei Der Deutschen Bibliothek erhältlich.

Fotografie: Klaus Lipa, Diedorf bei Augsburg
Lektorat: Petra Puster, Starnberg
Umschlagkonzeption: Kontrapunkt, Kopenhagen
Satz und Layout: Petra Pawletko, Augsburg
Umschlaglayout/Herstellung: Charmaine Müller

AUGUSTUS VERLAG, München 2001

Satz: Gesetzt aus Helvetica Roman 10/12 Punkt
Reproduktion: Repro Mayr, Donauwörth
Druck und Bindung: Appl, Wemding
Gedruckt auf 115 g umweltfreundlich chlorfrei gebleichtem Papier.

ISBN 3-8043-0808-2
Printed in Germany